Una introducción a la crítica tex

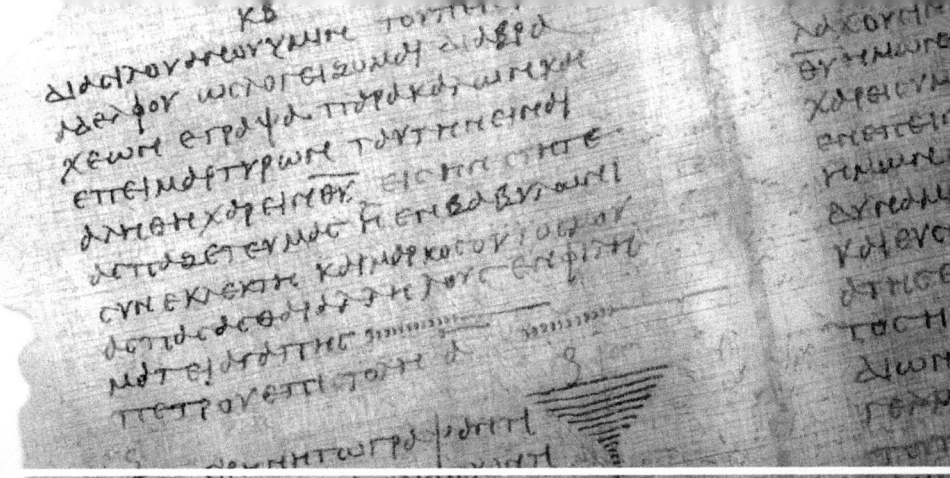

UNA INTRODUCCIÓN A LA
CRÍTICA TEXTUAL
DEL NUEVO
TESTAMENTO

Ernst Walder

Una introducción a la crítica textual del Nuevo Testamento
© Ernst Walder Gassman

© 2017 Ernst Walder Gassman
Hecho el Depósito Legal en la Biblioteca Nacional del Perú N° 2017-13535
ISBN N° 978-612-4252-21-1
Primera edición: noviembre 2017
Categoría: Referencia - Estudios del NT

Editado por:
© 2017 Centro de Investigaciones y Publicaciones (CENIP) – Ediciones Puma
Av. 28 de Julio 314, Int. G, Jesús María, Lima - Perú
Apartado postal: 11-168, Lima - Perú
Telf.:   (511) 423–2772
E-mail: Administración: puma@cenip.org
             Perú: pedidos@edicionespuma.org
             Internacional: ventas@edicionespuma.org
Web: www.edicionespuma.org
Ediciones Puma es un programa del Centro de Investigaciones y Publicaciones (CENIP)

Diseño de carátula: Eliézer Castillo
Diagramación: Hansel James Huaynate Ventocilla

Reservados todos los derechos
All rights reserved
Ninguna parte de esta publicación puede ser reproducida, almacenada o introducida en un sistema de recuperación, o transmitida de ninguna forma, ni por ningún medio sea electrónico, mecánico, fotocopia, grabación o cualquier otro, sin previa autorización de los editores.
La fuente de las palabras en griego es Bwgrkn que es usada con permiso de BibleWorks.

Contenido

Introducción 7
1. Aspectos en cuanto al material y a las copias en la antigüedad ... 11
   • El material sobre el cual se escribía 11
   • La forma de los libros en la antigüedad 14
   • Utensilios para escribir 15
   • Las letras 16
   • El texto 17
   • Los palimpsestos 17
   • Aspectos varios de los manuscritos 18
   • Finalidad de los datos contextuales 20
2. Aspectos del trabajo de copiar textos en la antigüedad 23
   • Las abreviaciones 23
   • Los copistas 23
   • Desafíos a la hora de copiar 24
   • Errores a la hora de copiar 25
3. La difusión de los autógrafos 31
4. La situación en Europa Occidental en el siglo XV / XVI
   y los cambios subsiguientes 37
   • La situación en cuanto a la Biblia 37
   • La situación en cuanto a la iglesia y la sociedad 38
   • Los cambios que marcan el final de la Edad Media 39
   • Resumen 41
5. Los primeros textos griegos del Nuevo Testamento 45
6. Desde Erasmo hasta el Textus Receptus 51
7. Del Textus Receptus hasta Griesbach 57
8. La destitución del Textus Receptus y la crítica textual moderna ... 63
9. La evaluación de los diferentes manuscritos
   encontrados hasta hoy 69

- La difusión de las copias.................................. 69
- Criterios para evaluar los manuscritos.................... 72
10. Los diferentes manuscritos que tenemos en la actualidad...... 75
    - Panorama general...................................... 75
    - Manuscritos griegos................................... 76
    - Traducciones antiguas................................. 80
    - Los padres de la iglesia.............................. 84
    - Leccionarios.. 85
11. El aparato crítico... 89
    - La estructura del aparato crítico de GNT.............. 90
    - Observaciones adicionales............................. 92
12. Uso práctico del aparato crítico........................... 95
13. Resumen final... 103

Introducción

Se denomina crítica textual del Nuevo Testamento (NT) al trabajo de comparación de los distintos manuscritos con textos del NT que fueron encontrados a lo largo de los últimos siglos. No se trata de una crítica del texto en el sentido de emitir una opinión sobre si es verídico o no su contenido, sino de ver qué manuscritos contienen cierta palabra, versículo o pasaje y cuáles no.

Es importante abordar el tema de la crítica textual porque hoy en día aparecen versiones del NT que, por ejemplo, omiten versos que de costumbre solían ser parte del texto, como es el caso de la Nueva Versión Internacional (NVI), que omite Hch 8.37. En otras ocasiones, se incluye un verso o un pasaje y se comenta en una nota de pie de página que ese texto no se encuentra en los manuscritos más antiguos. Por ejemplo, el caso de 1Jn 5.7 en Reina Valera 1995 (RV95). Estos hechos pueden hacer que el lector acostumbrado a una determinada versión dude de la autenticidad del texto y, por ende, de la veracidad de la "Palabra de Dios".

También es importante este tema porque en realidad no se ha encontrado ningún autógrafo (texto original escrito por el autor), pues todos los manuscritos son copias; algunas de mucha antigüedad, pero la mayoría de siglos tardíos de la Edad Media. Las copias existentes varían entre sí y no son idénticas.

Al emprender la crítica textual nos enfocamos, en primer lugar, en el origen y la historia de la transmisión del texto del NT. En segundo lugar, evaluamos el aparato crítico,[1] ya que éste solamente es el resultado del proceso de crítica textual y es una herramienta para tener más claridad en cuanto a esta pregunta: ¿Cuál habrá sido el texto original (autógrafo), el que escribió el autor de la carta o del evangelio? Para emprender la crítica textual se parte del texto escrito y existente en los diferentes manuscritos del NT, pero no se entra al debate sobre el proceso anterior a la redacción del primer texto, del autógrafo. No se consideran ni el proceso oral ni el de posibles o probables textos sueltos y previos a la versión del autógrafo.

En este trabajo, al texto tal como fue escrito por su autor originalmente, se lo llamará "autógrafo", y "copias" a las reproducciones de este texto original, pero reconociendo que cada copia era un original también hasta la invención de la imprenta, porque antes cada una tenía que hacerse a mano, por lo que no había dos copias idénticas.

Cabe mencionar que algunos de los códices mencionados en este libro se encuentran digitalizados y disponibles en los siguientes enlaces:
➢ Códice Vaticano:
https://digi.vatlib.it/view/MSS_Vat.gr.1209
➢ Códice Alejandrino (Biblioteca Británica):
http://www.bl.uk/manuscripts/Viewer.aspx?ref=royal_ms_1_d_viii_f001v

---

[1] El "aparato crítico" es la información que aparece en la parte inferior de las páginas del Nuevo Testamento griego. Ella evalúa el valor de los manuscritos para la lectura de las diferentes variantes.

➤ Códice Sinaítico:
http://www.codex-sinaiticus.net/en/manuscript.aspx
➤ Códice Efrén (Biblioteca Nacional de Francia):
http://gallica.bnf.fr/ark:/12148/btv1b8470433r/f1.item.zoom

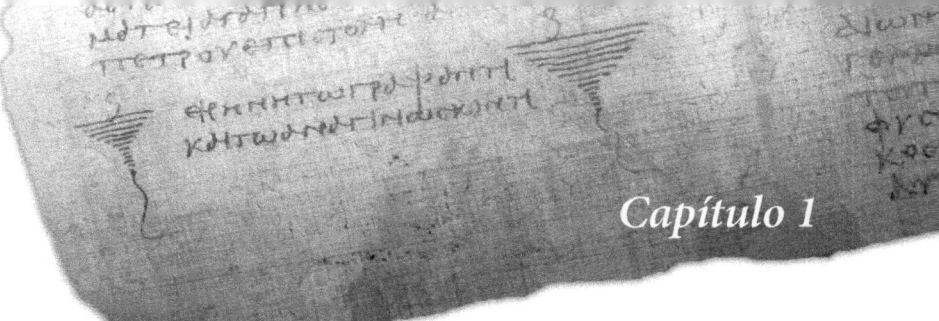

Capítulo 1

Aspectos en cuanto al material y a las copias en la antigüedad

El material sobre el cual se escribía

Se puede escribir sobre cualquier superficie estable, como tablillas de arcilla (del tipo de las que se encontró en Ebla o Amarna), paredes (como las de las tumbas de los faraones egipcios), piedras, huesos, metales, vajilla, piel (tatuaje), papel, etc.

Todos estos materiales pueden ser interesantes, pero para el estudio de los manuscritos del NT, los dos tipos de materiales más relevantes son el papiro y el pergamino. Un determinado material puede darnos algunas indicaciones sobre la edad del manuscrito, ya que no siempre y no en todos los lugares del mundo se usó el mismo material.

El papiro

Papiro (*Cyperus papyrus*) es el nombre de una planta acuática que crecía muy bien en el suelo poco profundo a lo largo del río Nilo y en algunos otros lugares alrededor del mar Mediterráneo (Siria, Noreste de África). Es de fácil cultivo y crece tanto en pleno sol como en la penumbra. Es capaz de crecer entre 2 a 5 metros de altura, y el tallo cilíndrico puede alcanzar un grosor de 8 centímetros. Se utilizaba para fabricar sandalias, cuerdas, ropas interiores, esteras y, sobre todo, papiro, que era el material sobre el que se escribía. La raíz también se podía usar para preparar medicinas y perfumes.

Los egipcios fueron los únicos que comercializaron el papiro como material de escritura. Para la fabricación de esta base sobre la cual escribir, se cortaba el tallo en pedazos de aproximadamente 30 centímetros de largo, y de estos pedazos se sacaban tiras finas, de 8 × 30 centímetros. Se las tomaba y se las colocaba horizontalmente una al lado de otra, teniendo en cuenta que todos los nervios de las tiras iban en la misma dirección. Sobre esta primera capa se ponía otra capa con las tiras en forma vertical. Luego se prensaban las dos capas. La sabia de las tiras actuaba como pegamento. La resistencia de estas láminas dobles era muy parecida a la del papel. Al final se frotaba el papiro suavemente y quedaba listo para ser usado.

Se escribía mayormente sobre el lado de las fibras horizontales, que es el anverso, porque servían como líneas de guía y, además, no presentaban irregularidades. Muy pocas veces se usaba también el reverso, el lado del papiro donde las fibras corrían en dirección vertical, pues al escribir horizontalmente se producían muchas irregularidades. Según la calidad, se diferenciaba entre diferentes categorías de papiro.

Hasta aproximadamente el año 100 a. C., cuando empezó a aparecer el pergamino, se usaba exclusivamente el papiro como material de base para la escritura, y se pueden encontrar manuscritos escritos sobre papiro que datan de hasta el siglo VII d. C.

El pergamino

El pergamino es un material de base para escribir hecho a partir de pieles de animales, como terneros, cabras, ovejas o antílopes. Dado que la piel originalmente tenía pelo, debía ser procesada para eliminarlo. Cuanto más joven era el animal, tanto más fino resultaba el pergamino. Algunos eruditos especifican que al pergamino más fino se lo llamaba "vellum", aunque esto es un asunto debatible. La piel era sometida a un proceso de limpieza, tanto químico (baño de cal) como físico (raspado con cuchillo y frotado con el polvo de una piedra que servía para suavizar y alisar la superficie).

El nombre de este material proviene de la ciudad de Pérgamo, en la costa del mar Egeo (hoy Turquía). Aunque se sabe que ya se escribía sobre pieles mucho antes del siglo II a. C., existe una leyenda, contada por Plinio el Mayor (Historia Natural, xiii.21s), referida al invento del pergamino en el siglo II a. C. Según esta historia, el rey Eumenes se propuso construir en su ciudad una biblioteca que pudiera competir con la famosa biblioteca de Alejandría en Egipto. Esta idea no le gustó al rey egipcio de aquel entonces (probablemente Ptolomeo), quien, a su vez, dispuso un embargo de papiro, para que Eumenes no pudiera mandar a hacer copias de los libros para su biblioteca. Así que, ante la falta de material para su gran plan, Eumenes buscó una solución y descubrió que se podía crear uno hecho a base de pieles de animales: el pergamino. Es posible que Pérgamo se haya hecho famoso por un pergamino de alta calidad, pues fue un centro de producción de este material.

Se producían libros muy lujosos de pergamino, teñidos en púrpura, en los cuales se escribía con tinta mezclada con oro o plata.

Desde el siglo I a. C., hasta el VII d. C., se escribía sobre papiro y pergamino, de acuerdo con las posibilidades económicas, las circunstancias y el propósito del producto. La mayor desventaja del pergamino era el costo, puesto que su producción era mucho más complicada y, por lo tanto, de mayor costo. Pero las ventajas a largo plazo superaban las desventajas, porque, en términos generales, era mucho más duradero, a pesar de que se rompía fácilmente en las esquinas. Además, se podía compensar el costo del material con el hecho de que se podía escribir en ambos lados. Como consecuencia, a partir del siglo VII hasta la Edad Media tardía se usaba exclusivamente el pergamino, que luego fue reemplazado por el papel, introducido en Europa por comerciantes árabes que lo traían desde China.

La forma de los libros en la antigüedad

En el mundo grecorromano las obras literarias normalmente se publicaban en rollos, los cuales podían ser de papiro o pergamino. Se unía el borde de una hoja con el de otra hasta llegar a tener un rollo que medía aproximadamente 30 centímetros de ancho y varios metros de largo. Al final de la última hoja se pegaba una varilla y alrededor de ésta se enrollaban todas las hojas, formando un rollo que también se llamaba "volumen" (del término en latín que designaba a "algo enrollado"). El largo de un rollo dependía del peso porque, a partir de cierto gramaje, su manejo se volvía demasiado difícil y ya no se lo podía sostener en las manos. Se unían aproximadamente veinte hojas de modo que el largo total normalmente no superaba los diez metros, aunque era preferible uno de cinco a seis. Es posible, por ejemplo, que Lucas haya decidido escribir dos tomos separados (el Evangelio y Hechos) en vez de uno solo, porque el texto de los dos no encajaba en un solo rollo. Por lo tanto, dividió su obra en dos partes y utilizó un rollo para cada una. Se escribía en columnas de izquierda a derecha, para que de esta manera se pudiera enrollar y desenrollar el rollo poco a poco mientras se leía el texto. Cada columna tenía un ancho aproximado de diez centímetros, pero podía variar. A veces se escribía también en líneas horizontales y se leía de arriba hacia abajo, agarrando con una mano la parte superior del rollo y con la otra la parte inferior.

El uso del rollo era bastante incómodo: por un lado, se tenían que usar ambas manos para sostener el rollo y, por otro, era complicado ubicar una cita específica, salvo una indicación de la columna en que estaba. Además, para cada documento escrito se tenía que guardar un rollo aparte.

Probablemente muy al inicio del siglo II (o quizás ya al final del siglo I) se introdujo el uso de páginas y lo que nosotros conocemos como "libro".

Los libros de esta edad temprana también se conocen con el nombre de "códices". La ventaja de estos es obvia: se puede hojear con más facilidad y encontrar cierto párrafo. Por ejemplo, es posible leer con una sola mano, y se puede variar el grosor del libro y el tamaño de las páginas.

Para la iglesia cristiana, la forma de libro tenía una ventaja adicional: se podían juntar y agrupar textos similares, como los cuatro evangelios o varias cartas, en una sola pieza sin importar la cantidad de texto.

Utensilios para escribir

Se escribía con un "cálamo", una caña hueca, que podía provenir del tallo de una planta (junco) o de la pluma de un ave. Como líquido se usaba tinta. Los escribas eran capaces de producir diferentes colores de tinta. El color más común era el negro, una mezcla de hollín con goma y agua. Para otros colores se añadían diferentes minerales.

Las letras

Las mayúsculas

En la Grecia antigua se usaban dos tipos de mayúsculas: letras ligadas y las unciales. Las ligadas servían para escribir textos del quehacer diario de manera rápida, y por lo tanto no se ponía mucho énfasis en su forma. El término "uncial" deriva del latín y significa 'la duodécima parte'. Hace entender que se solía escribir doce letras por línea.[2] Las unciales se usaban para textos más importantes, mayormente de literatura, y se dedicaba mucho esfuerzo para hacer el texto lo más bello posible.

Las minúsculas

Parece que a lo largo de los siglos, las unciales se fueron deteriorando y cada vez eran menos legibles, incluso las escritas con cuidado minucioso. Por ello, al principio del siglo IX, tuvo lugar una reforma y se introdujeron letras más pequeñas y cursivas. El término en latín para "bastante pequeño", es *minuscule*, y de allí viene la palabra "minúsculas". No se sabe exactamente quién inició esta reforma, ni dónde.

El uso de minúsculas revolucionó la distribución del texto del NT, pues con éstas se podía escribir más texto en una misma hoja, lo que hizo menos costosa la adquisición de los libros. Además, el copista podía escribir más rápido, y de este modo producir más en el mismo tiempo.

---

[2] W. H. P. Hatch. *The Origen and the Meaning of the term "Uncial"*. Classical Philology, XXX (1935), pp. 247–54.

El texto

En la antigüedad no se dejaban espacios entre palabra y palabra y muy pocas veces se empleaban signos de puntuación. Las palabras tampoco llevaban acentos para diferenciarlas. Todo esto nos podría llevar a pensar que era difícil leer y entender el texto, pero si usted hace la prueba en su propio idioma, se dará cuenta de que no es tan difícil, ya que uno conoce las reglas del idioma que domina y el contexto textual.

Sin embargo, a pesar de que por lo general no es tan difícil leer un texto sin espacios ni signos de puntuación, sí hay combinaciones de palabras que se prestan para una ambigüedad; por ejemplo, "οἴδαμεν" - "οἶδα μεν",[3] pero no son muy frecuentes. Además, se debe tener en mente que muy probablemente en la antigüedad se leía en voz alta, lo cual también ayudaba a diferenciar las palabras individuales.

Los palimpsestos

En ciertas circunstancias —de escasez de material, depresión económica personal o social— se usaba el pergamino por segunda vez. Se disolvían las letras rascando la tinta y se lavaba el pergamino. Después se copiaba en el mismo pergamino el nuevo texto. Un pergamino usado por una segunda vez, se llama "palimpsesto". No era posible borrar por completo el primer texto. Por consiguiente quedaban rastros de él, que en la actualidad es posible recuperar, aunque con mucho esfuerzo y dedicación. Por ejemplo,

---

[3] En castellano οἴδαμεν significa 'sabemos', mientras que οἶδα μεν quiere decir 'por un lado sé...'

uno de los manuscritos más importantes del NT, el Códice Ephraemi, es un palimpsesto.

Bruce M. Metzger señala que en el año 692 d. C., el concilio de Trullo emitió una norma en la que se prohibía la práctica de usar pergaminos con un texto bíblico por segunda vez bajo pena de un año de excomunión.[4] Sin embargo, a pesar de esta prohibición, unos 52 manuscritos del NT con unciales hallados hasta hoy son palimpsestos. Esto quiere decir que se borró el texto del NT y encima de él se escribió otro.

Esto muestra claramente que no se tenía un respeto tan profundo hacia las Sagradas Escrituras como para no usar un pergamino con texto bíblico y luego borrarlo y escribir sobre el mismo pergamino otro texto no bíblico.

Aspectos varios de los manuscritos
Comentarios adicionales alrededor del texto principal

A menudo los copistas comentaban en los márgenes de las hojas acerca de su trabajo. Expresaban que se hallaban contentos porque su labor se había terminado o que les dolía todo el cuerpo y estaban molestos con las circunstancias o maldecían a futuros rateros. También escribían bendiciones y hasta oraciones completas. Algunos monjes incluso usaban el pergamino para comunicarse entre ellos mientras copiaban en silencio. En ciertos casos se menciona el nombre del copista, el lugar y la fecha; información muy valiosa para deducir en qué lugar y año se escribió, qué copista y con qué estilo.

---

[4] Bruce M. Metzger, *The Text of the New Testament*, p. 12, (2da ed.), Oxford: Clarendon Press, 1968.

Se pueden encontrar también explicaciones de palabras difíciles. Mayormente se hallan en los márgenes de la hoja, pero en algunos casos también entre las líneas. Igual como ocurre hoy con algunos creyentes, que apuntan información importante para ellos en las hojas de las Biblias de su uso, los lectores de estos textos antiguos incluyeron comentarios privados.

Más complicado se vuelve el asunto cuando no se sabe con certeza si un comentario adicional al texto copiado es un comentario personal o una parte olvidada del texto bíblico que el copista añadió posteriormente. Este tipo de comentarios eran sobre todo difíciles para futuros copistas porque no podían interpretar el hecho y, en consecuencia, no sabían si incluirlos en sus copias o no.

Ayuda para la lectura privada

Originalmente los manuscritos más antiguos tenían como **título** una indicación muy breve, como ésta, por ejemplo: "Según Mateo" ("ΚΑΤΑ ΜΑΘΘΑΙΟΝ"). A lo largo del tiempo, estos títulos se hicieron cada vez más largos y específicos. En algunos manuscritos se dividía el texto en partes o **capítulos**[5]. De esta manera, el Códice Vaticano tiene 170 "capítulos" en el evangelio de Mateo, 62 en Marcos, 152 en Lucas y 50 en Juan. En algunos casos alguien cambiaba el sistema posteriormente o se empezaba la división sin completarla. De todas maneras, es un hecho que la división de los textos no era sistemática, sino que se hacía de manera arbitraria.

En algunos manuscritos antiguos, también se encuentra un tipo de "**títulos descriptivos**" para cada capítulo.

---

[5] Metzger p. 22.

Como hoy, su propósito era dar un resumen sobre el contenido del pasaje.

Además, existía algo como "**introducciones**" al libro, que contenían información sobre la vida del autor, las circunstancias de la redacción o el contenido del libro mismo.

Los **signos de puntuación** casi no existen en los manuscritos más antiguos. Recién a partir del siglo vi/vii, los copistas empezaron a introducir algunos, pero en forma esporádica y arbitraria. El signo de interrogación incluso se puede hallar recién en el siglo ix.

Ayuda para la lectura pública

Desde antes de la existencia del NT, se solía estructurar el texto que se iba a usar para la lectura pública en voz alta, de tal manera que el lector podía ver de una vez dónde tenía que respirar para poder leer la siguiente parte en una alentada. Por supuesto, la división también tenía que hacer sentido con relación al contenido del texto. Muchas veces estas divisiones resultaban bastante arbitrarias, ya que se tenía que decidir hasta dónde un texto era un solo pensamiento. Con el paso de los siglos, en algunas iglesias se empezó a cantar el texto bíblico. También para esto se encuentran indicaciones incluidas en el texto que deben guiar al cantante.

Finalidad de los datos contextuales

Todos los datos contextuales —la forma de las letras, el material para escribir, la forma del "libro", los comentarios adicionales, etc.— hasta cierto punto ayudan a establecer la fecha aproximada de un determinado manuscrito.

Preguntas para reflexionar

1. ¿Cuáles son los comentarios o pie de páginas en las versiones modernas de la Biblia que tienden a confundir al creyente?
2. ¿Se usaba el papiro todavía en el siglo III d. C.?
3. ¿Qué es el "aparato crítico" y para qué sirve?
4. ¿En qué sentido la forma del códice ayudó a establecer el canon del NT?
5. ¿Cómo se evidencia el hecho de que durante los primeros siglos el respeto al texto del NT no era tan profundo como hoy en día?
6. ¿Por qué no tiene mucho sentido una Confesión de fe que dice que se cree en la infalibilidad del texto original?
7. ¿Qué piensa de una afirmación que dice: "Estoy en contra del aparato crítico porque no se debe criticar el texto bíblico"?

Capítulo 2

Aspectos del trabajo de copiar textos en la antigüedad

Las abreviaciones

Los copistas cristianos introdujeron un sistema de abreviaciones para las palabras más frecuentes y más "espirituales". De esta manera, se podía ahorrar espacio y tiempo. A este grupo pertenecían palabras como "Dios" ($\overline{\Theta\Sigma}$), "Señor" ($\overline{K\Sigma}$), "Cristo" ($\overline{X\Sigma}$) y muchas más. A veces se escribía solamente la primera y la última letra, otras las primeras dos y la última letra, y en otras se empleaba otro tipo de abreviación. Para indicar que se trataba de una abreviación se colocaba una línea horizontal encima de las letras, como se ve arriba.

Los copistas

Al comienzo de la iglesia cristiana las copias se producían a pedido de cristianos adinerados o para las iglesias. Cada copia significaba un esfuerzo especial e individual para una situación única. Cuando la iglesia cristiana adquirió reconocimiento legal de parte del Estado en el siglo IV, la situación cambió, puesto que muchas más personas se volvieron cristianas —por convicción o conveniencia— y por lo tanto también se construyeron más templos para las reuniones dominicales. Por ello, de un momento a otro, se necesitaron muchas más copias de la Biblia, tanto para el uso personal como para emplearlas en las iglesias. Por la cantidad de Biblias requeridas, la producción de copias del NT o de toda la Biblia empezó a ser un negocio rentable. Las empresas que producían copias disponían de oficinas especiales llamadas "scriptorium". Varios copistas, cristianos y no cristianos, estaban sentados juntos copiando libros. Cada uno tenía su pergamino, su cálamo y su tinta. Para que fuera más eficiente había un lector que leía en voz alta el texto, y todos los copistas escribían a la vez. De esta manera, se podía producir muchas copias simultáneamente.

Es fácil imaginarse que este procedimiento causaba cierto número de errores, por lo cual las empresas también contrataban a personas que controlaban y corregían las copias producidas. Hoy en día se puede ver en los manuscritos correcciones que se diferencian del texto copiado originalmente por el estilo de las letras o por la tinta utilizada.

Algunos siglos más tarde fueron los monjes quienes copiaban los textos bíblicos. En los monasterios había menos presión para terminar una copia en un determinado tiempo. Muchas veces un monje individual copiaba el texto en su celda, para su monasterio o uno de sus benefactores. Este tipo de trabajo resultaba en copias muy bellas, hechas con mucho cuidado y con adornos adicionales.

Desafíos a la hora de copiar

El proceso de copiar un texto consiste en, por lo menos, cuatro aspectos: leer o escuchar el texto, retenerlo en la memoria, "dictarle" a la mano lo que uno ha memorizado, y escribirlo. Por consiguiente, existían muchas fuentes para errores: no se escuchaba bien o algunas partes o palabras se confundían fácilmente ("votar" *vs.* "botar", por ejemplo); un ruido, como una tos u otro sonido del entorno que distraía la atención; el cansancio de la mente y la mano, etc.

Según B. Metzger,[6] los copistas originalmente no estaban sentados en mesas, sino que escribían sobre sus rodillas. De esta manera, el cuerpo se cansaba más rápido aun. Recién a partir de la Edad Media temprana, se empezó a escribir sobre un púlpito o una mesa. Y el ambiente, sobre todo en los monasterios, muchas veces tampoco era muy favorable. B. Metzger cita un manuscrito armenio[7] en el que un monje escribe una nota de queja al lado del texto que está copiando. Esta nota dice que hay una fuerte tormenta de nieve afuera, que la tinta se ha congelado por el frío, que ya no puede sentir su mano y que la pluma se le ha caído a causa del frío extremo.

Errores a la hora de copiar

Al copiar un manuscrito —no importa si es bíblico o de otro género de literatura— existen distintas fuentes para errores, involuntarios o intencionales. Entre los primeros están los del oído y de la mente. Si el manuscrito es leído por una persona, el oído puede equivocarse, sobre todo porque ciertas palabras suenan igual. Cualquier persona que alguna vez ha tenido que escribir un dictado, sabe esto. Ejemplos en castellano podrían ser "votar" y "botar", o "hacer" y "a ser". Además, el oído del copista puede cansarse y, por lo tanto, prestar menos atención. Fácilmente se escribe algo que incluso ni siquiera fue leído.

---

[6] Metzger, pp. 16/17.
[7] Metzger, p.18.

También la mente puede equivocarse, sobre todo entre el proceso de leer una palabra y escribirla, porque mayormente no se escribe palabra por palabra, sino por partes de la oración. En este proceso, fácilmente la mente introduce, por ejemplo, un sinónimo o se cambia el orden de las palabras o dos letras dentro de una palabra. Y si la mente está cansada, también puede reemplazar una frase por otra mejor conocida, lo cual probablemente ha sucedido más a menudo en textos de los evangelios sinópticos (Mateo, Marcos y Lucas).

Otra de las dificultades son las letras que se ven similares o que se escriben de manera muy próxima. Por ejemplo, Γ, T, I: letras en las que la falta de una raya o trazada de modo inexacto, puede inducir a no saber si es la letra Γ o la T. También, si se escriben dos letras Λ muy próximas una de la otra, fácilmente resulta la letra M. En estas instancias, el copista debe tomar una decisión acerca de la letra que piensa reconocer e identificar y que va a reproducir. Esta decisión es muy importante, pues con ella puede cambiar el sentido del texto original. Al igual que el oído, la vista, sobre todo cuando está cansada, fácilmente saltea una palabra o toda una línea, o repite un término, olvidándose de que ya lo escribió.

Estos son errores involuntarios. En la mayoría de estos casos no es tan difícil detectar la causa de las diferencias entre los diferentes manuscritos. Frecuentemente los errores son muy obvios, porque el texto ha dejado de tener sentido a causa de ellos.

Más graves son los errores que se pueden llamar "intencionales". Un grupo de éstos se deben al hecho de que el copista a veces encontraba en el manuscrito algo que no sabía si era o no era parte del texto. Podría ser, por ejemplo, que entre las líneas hubiera algunas palabras y el copista no sabía con certeza si estas palabras eran correcciones que el copista anterior había olvidado copiar y las introdujo posteriormente, o si simplemente se trataban de un comentario adicional. Lo mismo sucedía con palabras en los márgenes de las páginas: Estos términos u oraciones, ¿eran comentarios adicionales o partes del texto que habían sido olvidadas y añadidas consecutivamente de esta manera?

Como dice Bruce M. Metzger,[8] "[s]uena raro, pero los copistas que pensaban de manera crítica eran más peligrosos que los que simplemente intentaban copiar el texto lo más fielmente posible". ¿Por qué? Porque, por ejemplo, si a los copistas de pensamiento crítico les llamaba la atención algo que, según su criterio, no era correcto, no solo un error ortográfico o gramatical, sino también un pensamiento que consideraban incompleto, lo completaban según lo que recordaban haber leído en otro texto. Sobre todo en los evangelios sinópticos, los copistas se acordaban de un texto paralelo en otro evangelio y agregaban en el texto que copiaban lo que en su opinión faltaba. Lo mismo sucedía si el copista encontraba una cita del Antiguo Testamento y ésta no era como él se acordaba o si consideraba que el autor señalado era equivocado (por ejemplo, si en el texto se decía que la cita era de Isaías, pero a la persona que copiaba le parecía de Jeremías). En ambos casos, el copista que pensaba críticamente cambiaba el texto según su criterio.

Más complicada era la situación cuando un copista tenía a su disposición más de dos manuscritos para hacer una copia y copiaba comparando los dos. ¿Qué debía hacer si constataba que en una determinada cita los dos

---

[8] Metzger, p. 195 (trad. E. Walder).

manuscritos eran diferentes? En la mayoría de estos casos los copistas no elegían una de las dos variantes, sino que juntaban y copiaban las dos.

Lo peor que un copista podía hacer era introducir cambios basados en la doctrina, especialmente cuando le parecía que el texto que debía copiar contenía una doctrina incorrecta o incompleta, por ejemplo, una supuesta contradicción en el texto (Jn 7.8 y 10) o la falta de lógica doctrinal. Por supuesto, el ejemplo extremo de esto es lo que hizo Marción en el siglo II al eliminar y cambiar pasajes completos porque no concordaban con su doctrina.

Resumiendo, se puede decir que los copistas siempre se encontraban frente a un dilema: copiar lo más fielmente posible a pesar de que el texto fuera poco lógico o poco legible, o introducir un cambio para supuestamente mejorar el texto.

Preguntas para reflexionar

1. ¿Cuál podría ser el efecto negativo de que no haya sido cristiano un copista en el Imperio romano de Constantino?
2. ¿Qué tenía que hacer un copista si no podía descifrar bien una palabra en el texto que estaba copiando?
3. ¿Cuáles son las fuentes de posibles errores al copiar un texto en la antigüedad?
4. ¿Por qué los copistas pensantes críticos causaban más daño al texto?

Capítulo 3

La difusión de los autógrafos

Tenemos que imaginarnos la siguiente situación: Pablo está sentado en Corinto y escribe una carta a la iglesia de Roma, un grupo de personas que él personalmente no conoce. Tiene planes de ir a España y espera que los cristianos en Roma lo ayuden para llegar a "los fines de la tierra" sin problemas. Es muy probable que Pablo no esté, él mismo, escribiendo la carta, sino Tercio, su amanuense; lo que el apóstol simplemente hace es dictar el contenido (Ro 16.22). Después de terminar la carta, la firma de puño y letra, la enrolla y la pone en un cilindro para protegerla. ¿Cómo llega esta carta a su destino? Muy probablemente algún conocido la lleve, porque había mucho tráfico entre las dos ciudades. La iglesia en Roma lee la carta y seguramente se alegra mucho. Finalmente, Pablo no puede realizar sus planes y llega a Roma en otras circunstancias, pero la carta se guarda, ya que es muy valiosa para la iglesia. Pasan los años y Pablo sufre el martirio. Igual como él, los primeros cristianos, sobre todo los apóstoles, mueren uno tras otro; la mayoría está sufriendo el martirio también. Después de la muerte de todos ellos, su legado escrito, las cartas, los evangelios, etc., llegan a ser cada vez más importantes porque las iglesias empiezan a buscar orientación para la vida como grupo y como individuos. Algunos cristianos también habrán buscado este legado escrito porque querían poseerlo como propiedad privada.

Así, es seguro que en algún momento alguien se entera de que la iglesia en Roma posee una carta escrita por Pablo. Puede ser que un miembro de la comunidad cristiana en Alejandría, Egipto, tenga noticia de este hecho y quiera leer qué le escribió Pablo a la iglesia en Roma. ¿Qué hacer para conseguir una copia? No existe ni imprenta ni, mucho menos, una fotocopiadora, de modo que alguien tiene que copiar la carta para el interesado en Alejandría. Además, es muy poco probable que la iglesia en Roma suelte la carta original para enviarla a ese lugar. Quedan dos opciones: el interesado en Alejandría manda a alguien de su ciudad a Roma para que copie la carta ahí y la lleve a Egipto, o le pide a alguien en Roma que copie la carta y se la envíe. En ambos casos alguien debe copiar la carta en Roma y enviarla o llevarla a Alejandría. El mismo proceso podemos imaginarnos para alguien interesado en Éfeso, Antioquía, Derbe, etc., que quiera tener una copia de la carta que Pablo le escribió a la iglesia de Roma.

Un poco menos complicado sería si alguien que viviera en Roma o cerca de esta ciudad quisiera tener una copia de la carta; sin embargo, incluso así, el proceso sería el mismo: alguien debía copiar la carta. De este modo, cada copia en realidad es un original, es decir, única, aunque sea solamente por la forma de una letra. No existen dos copias idénticas de aquel entonces. Con el paso de los años, se produjo más y más copias para individuos y para iglesias. Cuando se descubrió el formato del libro, se pudo reunir varios escritos —por ejemplo, todas las cartas disponibles de Pablo— en un mismo lugar. De esta manera, se establecieron volúmenes que contenían, por ejemplo, todas las cartas paulinas o los cuatro evangelios.

Con el cristianismo como religión oficial del Imperio romano en el siglo IV d. C., la necesidad de copias se incrementó aún más. Por un lado, se establecieron muy rápido mucho más iglesias y, por otro, había mucho más individuos que querían tener los escritos de los primeros cristianos. Y así pasaron algunas décadas hasta el declive del Imperio romano y la expansión de las tribus germanas en el territorio occidental del Imperio. Hoy en día es difícil imaginarse el impacto de este cambio para Europa. Las tribus germanas eran, en comparación con el Imperio romano, verdaderos "bárbaros", salvajes. No les interesaba la civilización organizada y bien administrada, sino solamente sus necesidades básicas y la conquista de nuevos territorios para vivir. De esta manera, desapareció casi toda la civilización romana occidental: la infraestructura (los caminos), la estructura administrativa con los impuestos y la presencia de un estado sólido, la economía, la literatura y la filosofía, y también la religión cristiana. Los germanos traían su propia religión pagana, de modo que el cristianismo en Europa occidental fue relegado a una importancia marginal. Eran los monjes quienes poco a poco fueron evangelizando en los siglos siguientes a los invasores germánicos, que eran salvajes y paganos.

Los monjes fundaron monasterios donde podían vivir juntos y tenían un refugio contra las adversidades en un contexto pagano. La cultura cristiana en Europa occidental sobrevivía en estos monasterios de manera prácticamente exclusiva. Poco a poco las tribus germanas adoptaron la fe cristiana, pero el centro del desarrollo de la religión seguían siendo los monasterios. Además, allí se tenía el espacio y el tiempo necesarios para seguir copiando las escrituras bíblicas, muchas veces de tal manera que se producían verdaderas joyas de copias, con ilustraciones y adornos.

Desde muy temprano, se presentó la necesidad de no solamente copiar los escritos en el idioma original, que es el griego koiné, sino que se necesitaban estos escritos en otros idiomas importantes para la época, como el latín (África del Norte, Europa Occidental), el siríaco (en Siria) y el copto (Egipto). También estas traducciones fueron copiadas y difundidas más y más. Ya que el latín era el idioma predominante en Europa Occidental, en este idioma los monjes en los monasterios en el contexto germano copiaban el texto de la Biblia; sobre todo en la versión de la "Vulgata"[9]. Esto quiere decir que la Europa medieval conocía la Biblia en primer lugar como traducción latina y no en su versión original en griego koiné.

---

[9] La Vulgata es la traducción de la toda la Biblia al latín. Su autor fue Jerónimo de Estridón en el siglo IV d. C. (340–420 d. C., aprox.).

Preguntas para reflexionar

1. ¿A qué idiomas se tradujo muy pronto el texto del NT? ¿Cuál fue la razón?
2. ¿Por qué la Vulgata era la Biblia más conocida en Europa Occidental?
3. ¿Hasta qué punto se puede comparar Europa Occidental del siglo VI d. C. con otros contextos sociales y geográficos?
4. ¿Quiénes tenían Biblias en la Edad Media y quiénes sabían leerlas?

Capítulo 4

La situación en Europa Occidental en el siglo xv / xvi y los cambios subsiguientes

La situación en cuanto a la Biblia

Eran pocas las personas que tenían una Biblia, pues, por un lado, seguía siendo relativamente caro comprarse una, porque el trabajo de copiar todo un libro era muy costoso, y, por otro, eran pocas las personas que sabían leer. Incluso muchas personas con poder o dinero no dominaban la lectura, y la mayoría de la gente que tenía cierta educación vivía en los monasterios y eran monjes.

La Biblia tampoco era legible para todos porque, al igual que los demás libros y textos de la época, estaba escrita en latín, el lenguaje de la erudición, y no en los idiomas del pueblo. Los eruditos incluso se comunicaban entre ellos en latín tanto por escrito como en forma hablada. Nadie fomentaba la lectura de la Biblia, y a veces se llegaba al extremo de prohibirla a las personas no religiosas. Una de las razones era que se consideraba la Biblia un "libro peligroso" que contenía misterios de la fe. Fácilmente —así pensaban las autoridades religiosas— la gente podía descubrir algo en ella que no concordase con la enseñanza de la iglesia, opinión que fue reforzada por los acontecimientos previos a la Reforma, como muestran los ejemplos de Juan Hus y Girolamo Savonarola.

El interés por el trabajo de traducción de la Biblia a un idioma vernacular parece haber empezado con Pedro Valdo (1140?-1217), quien dio parte de su dinero para que se tradujera la Biblia del latín al romance, idioma que se hablaba en el sureste de Europa. Con esta traducción, el pueblo por primera vez pudo leer las Escrituras en su propio idioma. Por supuesto que los vendedores de la Biblia en el idioma del pueblo fueron perseguidos por la iglesia oficial. John Wycliff (1320-1384) hizo lo mismo al traducir la Biblia del latín al inglés. Influenciado por las ideas de éste, Juan Hus, en Bohemia (1370-1415), empezó a cuestionar ciertas doctrinas de la iglesia oficial y terminó en la hoguera. Girolamo Savonarola (1452-1498) es el último de los precursores de la Reforma, y también acabó en la hoguera.

La situación en cuanto a la iglesia y la sociedad

Se pueden resaltar tres características de la sociedad al final de la Edad Media: era autoritaria, acrítica y centralista.

Tanto en la sociedad como en la iglesia, el autoritarismo se basaba en la doctrina de que Dios era la autoridad suprema y sus representantes eran en el ámbito secular el rey, el emperador o el duque, y en el ámbito eclesial el papa, el arzobispo o el obispo. El pueblo era considerado incapaz de decidir por sí mismo y dependía de las enseñanzas y costumbres de sus superiores.

Cualquier crítica fue considerada "rebelión contra Dios" y sus ordenanzas. Tampoco se permitía la investigación, porque ésta podría llevar a descubrimientos indeseados. Todas las personas tenían que aceptar lo que las autoridades decían, tanto en lo referido a la doctrina dentro de la iglesia como a las opiniones sobre el Sistema Solar, la forma de la Tierra, el cuerpo humano, etc. Muy conocidas son las dificultades que tuvo Galileo Galilei, quien estaba convencido de que el Sol y los astros no giraban alrededor de la Tierra, por lo cual tuvo repetidos enfrentamientos con la inquisición romana de la Iglesia católica. La cuestión en cuanto a si la Tierra era el centro o no del universo también revela otra característica del final de la Edad Media: el centralismo. Todo tenía que tener un centro: el Estado, la iglesia, la fe. Para la iglesia lo era Roma; para el Sistema Solar, la Tierra.

Los cambios que marcan el final de la Edad Media

El primer cambio: el humanismo

El humanismo es, en primer lugar, un movimiento filosófico. Se originó en el siglo XIV en Italia, muy probablemente a causa de los problemas que enfrentaba Bizancio, el Imperio romano oriental. El Imperio bizantino estaba siendo asediado por los turcos, por lo que diversas personalidades importantes huyeron a un lugar más seguro, el cual lo encontraron en Italia. Traían consigo filosofías antiguas griegas y recuerdos de la época de oro de los griegos, pensamientos éstos que se vieron reflejados especialmente en la literatura italiana de la época, como la de Dante Alighieri, Francesco Petrarca, Giovanni Boccaccio y otros.

La característica del humanismo con mayor influencia fue la importancia del hombre, puesto que, mientras que el ser humano fue perdiendo más y más dignidad e importancia durante la Edad Media, los escritos griegos traían consigo la convicción de que el hombre sí es un ser importante, no por cumplir una función, sino simplemente por ser eso: hombre. Este pensamiento le devolvió la dignidad al ser humano y dio inicio a la reflexión sobre todo lo relacionado con él, como la capacidad de la razón y los valores. No es sorprendente que en este contexto se fundaran las primeras universidades.

El segundo cambio: el Renacimiento

Muy ligado al humanismo aparece el Renacimiento. Mientras que el humanismo puede ser definido como un movimiento filosófico, el Renacimiento es más bien un movimiento cultural. "Renació" el interés por las culturas antiguas prácticamente olvidadas en Occidente, especialmente sobre la cultura grecorromana. El Renacimiento se desarrolló en el ambiente de las artes y de las ciencias naturales y humanas: la pintura, la escultura, la arquitectura, la música, la medicina, la biología, etc.

El tercer cambio: la reforma dentro de la iglesia

Lo que los precursores como Valdo y Wycliff, entre otros, habían empezado, se concretó con los reformadores Lutero, Calvino y Zwingli. Las costumbres y doctrinas fueron cuestionadas y la gente común y corriente se fue involucrando en la vida eclesiástica: leían la Biblia, asumían cargos en la iglesia, pintaban de nuevo las paredes en los templos para eliminar las pinturas murales y se congregaban en nuevos grupos como iglesias protestantes.

El cuarto cambio: la imprenta

Aproximadamente en 1440 d. C., Johannes Gutenberg en Alemania inventó la imprenta moderna, el método mecánico para reproducir textos. En Asia Oriental, ya se conocían formas de imprenta desde el siglo VIII. Era una idea muy sencilla y se desarrolló rápido. Permitía que se pudiera producir una copia de un texto en mucho menos tiempo. Además, las copias impresas eran absolutamente idénticas entre ellas. En 1450 d. C., Gutenberg imprimió la Vulgata, la Biblia en latín.

Resumen

Todos estos cambios, más la agitación social, llevaron a una aventura, que es la de pensar cosas nuevas. Pensar cosas nuevas implica, a la vez, cuestionar lo que existe. Así, estos pensamientos nuevos llevaron a cambios en la astronomía (la Tierra no es el centro del universo), en la geografía (la Tierra no es un plato, sino un globo que permite descubrir qué hay más allá de Europa), en la teología (creación de otras confesiones de fe e iglesias), en el arte (las dimensiones y el cuerpo humano), en la técnica (los inventos de Leonardo da Vinci), etc. Es casi imposible decidir cuál fue el motivo principal de los actores de este tiempo: la religión, la preocupación por el hombre, el cambio social o la curiosidad científica.

Pero es cierto que después de mil años de dominio de un orden social estrictamente vertical, jerárquico, se empezó a abrir una grieta que permitiría a lo largo de los siglos descubrir cosas no pensadas ni conocidas antes, como continentes nuevos, medicinas contra enfermedades incurables, un universo inmenso, leyes naturales. También permitirá pensamientos como la posibilidad de un desarrollo democrático en la política y esfuerzos para mejorar la situación social. Pero, a la vez, esta misma grieta desplazó a Dios de su lugar: el centro de todo. Aunque al principio este cambio apenas era perceptible, constituyó la base para ampliar la brecha cada vez más. No olvidemos que la estructura anterior, la de la Edad Media, duró casi mil años, mientras que el tiempo que ha transcurrido desde estos cambios hasta hoy, sólo suman aproximadamente quinientos años. Es muy probable que lo que vivimos en la actualidad sea la consecuencia de estos cambios en el siglo XV y XVI.

Preguntas para reflexionar

1. ¿Cuál fue el efecto más negativo de los cambios en los siglos xiv y xv?
2. ¿En qué se relaciona hoy la cuestión de la genética y la de los géneros con el humanismo de los siglos xiv y xv?
3. ¿Cuáles fueron las tres características de la sociedad al final de la Edad Media?
4. ¿Hasta qué punto el siglo xxi marca un punto decisivo, igual como el siglo xv?

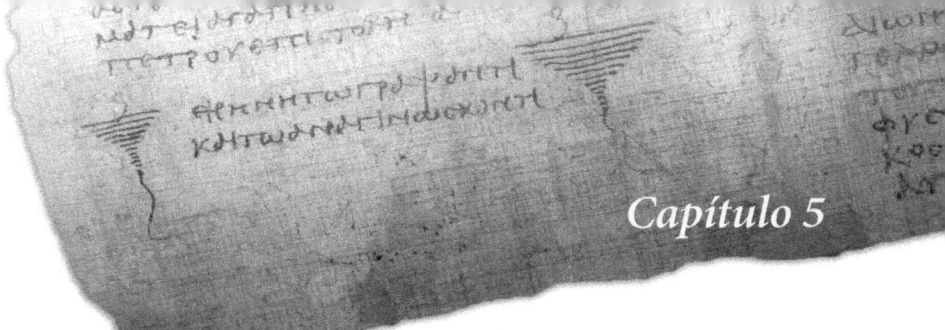

Capítulo 5

Los primeros textos griegos del Nuevo Testamento

En este ambiente de curiosidad intelectual y de interés por la cultura grecorromana no sorprende que también naciera un interés por saber cómo había sido en su versión original el texto original del NT y de la Biblia en su totalidad. En aquel momento se conocía del texto del Nuevo Testamento solamente la versión latina de la Vulgata, que era la Biblia leída por el clero —si sabía leer— y por los eruditos. Sí existían copias escritas en griego en librerías privadas y sobre todo en monasterios, pero nadie les daba importancia ni las conocía.

Sin embargo, a pesar de este interés, pasaron setenta años entre la invención de la imprenta y la publicación de un NT en griego. En estas décadas se imprimieron muchas Biblias en la versión de la Vulgata y también otros textos. ¿Por qué entonces se tardó tanto en publicar el texto del NT en griego? Una razón es la variedad de letras del alfabeto griego en los diferentes manuscritos hallados. Usar todas ellas significaría un gasto demasiado grande para una casa editorial, ya que cada letra tenía que ser fabricada individualmente. Por lo tanto, las empresas tuvieron que pasar por un proceso de simplificación, reduciendo la cantidad de las formas de representación de las letras griegas. De esta variedad de letras, han quedado hasta hoy solamente dos formas para la letra "s": σ (al principio y dentro de una palabra) y ς (al final de la palabra).

Por otro lado, se temía que la autoridad de la versión latina de la Vulgata —la única versión aceptable hasta el momento— pudiera disminuir con la publicación del NT en griego. Cada erudito que dominaba los dos idiomas —latín y griego— estaría en capacidad de comparar la Vulgata con el texto griego, proceder a una evaluación y, probablemente, luego rechazar la versión de un texto que se encontraba en la Vulgata.

Las de Francisco Jiménez de Cisneros y la de Erasmo de Rotterdam son las dos iniciativas más conocidas para establecer el texto griego del NT. Francisco Jiménez de Cisneros (1436-1517), más conocido como el Cardenal Cisneros, era arzobispo, cardenal y primado de España. Sus dos labores más conocidas fueron la Universidad Cisneriana —o Complutense—, en Alcalá de Henares (1499), y la Biblia Políglota Complutense. Se llama "complutense" debido a que ése es el nombre latín de la ciudad española Alcalá de Henares. Y se denomina "políglota" porque esta Biblia contiene pasajes en varios idiomas: hebreo, latín, griego y arameo. La parte del Antiguo Testamento, que consistía en cuatro volúmenes, tenía para cada pasaje tres columnas paralelas: hebreo, latín y el griego de la Septuaginta. En algunas partes tenía una cuarta columna con el texto en arameo. El quinto volumen contiene el texto del NT con dos columnas paralelas: una en griego y la otra con la versión de la Vulgata, en latín. El NT fue finalizado en 1514.

Si se tiene en mente que la técnica de la imprenta recién tenía aproximadamente 70 años, es increíble el logro de esta edición, pues contiene por lo menos tres diferentes alfabetos con sus letras distintas. No se sabe exactamente cuáles son las bases textuales de la versión del texto griego de la Políglota del Cardenal Cisneros. Puesto que era un alto dignatario de la Iglesia Católica, se puede asumir que tenía acceso a muchas bibliotecas y colecciones de manuscritos antiguos.

Sin embargo, a pesar de haber terminado el volumen del NT en 1514, no recibió el visto bueno de parte del papa para la publicación hasta 1520, y parece que la primera edición recién apareció en 1522.

Erasmo de Rotterdam (1466-1536) era un representante del humanismo de primera categoría; tenía un espíritu intranquilo que quería saber todo lo que se podía saber y evaluaba el conocimiento recibido; quiere decir que no solamente lo aceptaba, sino que lo sometía a la reflexión y evaluación de su propia razón. Escribió varias obras, entre ellas un NT en griego. Parece que el dueño de una casa editorial en Basilea, Suiza, el señor Johann Froben, se dio cuenta de que se podría hacer un buen negocio con un NT en griego. Insistió a Erasmo en ayudarlo, quien finalmente aceptó. Froben ejerció mucha presión porque era consciente de que a otro se le podría haber ocurrido la misma idea. La venta de un NT en griego se vio como un buen negocio. Por tanto, Erasmo usó lo que pudo como base para su edición. Compuso el texto del NT en prácticamente tres meses (julio a octubre de 1515). La impresión se empezó en el mismo mes y se terminó en marzo de 1516.

No sorprende entonces que este texto sea bastante deficiente. Erasmo usó prácticamente dos manuscritos que datan del siglo XII (o más tarde), los cuales encontró en un monasterio en Basilea y los comparó con algunos otros más. El manuscrito que usó para Apocalipsis no contenía todo el texto griego, pero Erasmo no dudó en restablecer el texto griego traduciéndolo él mismo desde un texto en latín. De esta manera, para algunos versículos del texto griego de Apocalipsis, la de Erasmo resultó una versión única. Hizo lo mismo con algunos otros versículos en otros libros del NT. Además, el libro contenía un sinnúmero de errores tipográficos porque no hubo el tiempo necesario para trabajarlo con el cuidado suficiente. Según Bruce M. Metzger, el reverendo F. H. A. Scrivener, en su libro *A Plain Introduction to the Criticism of the New Testament*, respecto del NT de Erasmo, dice: "Es el libro con más errores que conozco".[10]

Es curioso que el primer NT griego que apareció en el mercado no haya sido el del Cardenal Cisneros, aunque ya estaba impreso en 1514, sino la obra de Erasmo de Rotterdam, impreso en 1516. Esto se debe al hecho de que la obra de Erasmo recibió más rápido el visto bueno papal para la publicación. Ya que el NT griego del Cardenal Cisneros fue trabajado con mucho más cuidado —tardó aproximadamente doce años en reestablecer el texto—, es lamentable que el de Erasmo se conociera mucho más, a pesar de haberlo trabajado en sólo tres meses y de ser bastante deficiente .

La recepción del NT griego de Erasmo fue mixta. Muchas personas querían adquirirlo por ser una novedad (al final se vendieron 3300 ejemplares), aunque se criticó mucho la pésima calidad de la obra. Asimismo, también fue criticado por aquellas personas a quienes no les gustaba la idea de que con el texto en griego se pudiera evaluar la versión de la Vulgata, hasta este momento la única versión aceptada. Ya que Erasmo también era un crítico de la iglesia oficial, no pudo abstenerse de

---

[10] Metzger, p. 99 (Trad. de E. Walder)

incorporar algunos comentarios cínicos en las páginas de su NT griego, los cuales tampoco fueron bien recibidos por los representantes de la iglesia.

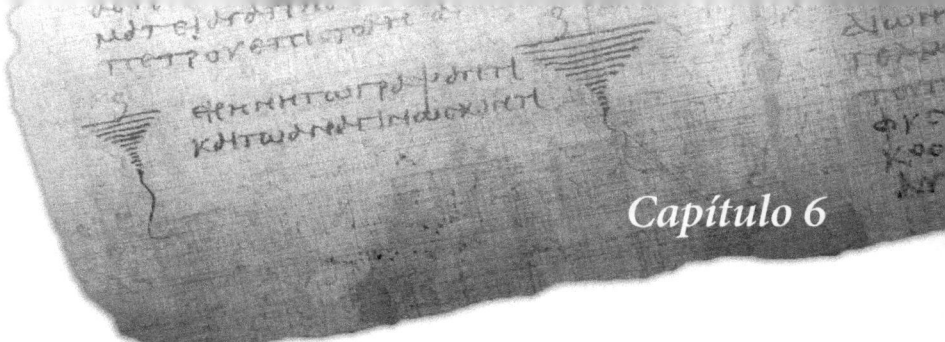

Capítulo 6

Desde Erasmo hasta el Textus Receptus

Por ser un científico sincero, Erasmo era consciente de lo defectuoso de su texto. Por lo tanto, preparó una segunda edición (1519), en la cual se corrigió la mayoría de los errores tipográficos, pero se mantuvo el texto de la primera edición. Siguió buscando más manuscritos y al final encontró aproximadamente doce, de los cuales el más antiguo databa del siglo x. En 1522 publicó otra edición, sin mayores cambios, y en 1527 una cuarta, antes de la cual, por fin fue publicada la Políglota del Cardenal Cisneros, por lo que Erasmo tuvo la oportunidad de estudiarla. Se dio cuenta de que el texto de la Políglota era muy superior al suyo y fue suficientemente sabio para hacerle caso a la obra del Cardenal Cisneros, de modo que introdujo muchos cambios textuales en su propia edición. En este proceso cambió, por ejemplo, alrededor de noventa pasajes solamente en el libro de Apocalipsis. Cada página de esta cuarta edición constaba de tres columnas paralelas: una con el texto griego, otra con el de la Vulgata y una tercera con la versión propia de Erasmo en latín.

Erasmo editó una quinta y última versión en 1535, pero sin mayores cambios. Debido al hecho de que era el primer texto del NT griego en el mercado y por su relativamente bajo costo y el tamaño más manejable, el NT de Erasmo tuvo una distribución mucho mayor que el del Cardenal Cisneros, por lo que era mucho más conocido y utilizado.

En 1518 la primera edición de la Biblia completa en griego fue editada en Venecia, Italia, por Aldine, quien se prestó el texto de la primera edición del NT griego de Erasmo porque no había otro en el mercado. Según Metzger,[11] la copia era tan fiel al texto de Erasmo que incluso copió muchos errores tipográficos, los cuales Erasmo mismo posteriormente corrigió.

En 1546, el editor Robert Estienne en París, Francia, publicó también una edición del NT griego, la cual era muy suntuosa. El texto consistía en una combinación de las diferentes ediciones de Erasmo y la Políglota. Publicó otra edición en 1549 y una tercera en 1550. En esta tercera edición, Estienne ya no mezcló el texto de Erasmo con el de la Políglota, sino usó el de Erasmo en su cuarta y quinta edición. Pero añadió en los márgenes de las páginas, versiones de la Políglota. El lector mismo, entonces, podía comparar la versión de Erasmo con la del Cardenal Cisneros. Estas diferencias en la lectura de un mismo versículo, se llaman "variantes". Pero no añadió solamente variantes de la Políglota, sino de otros catorce manuscritos griegos que él conocía. Se puede afirmar que esta tercera edición del NT griego de Robert Estienne es la primera en tener un "aparato crítico". Esto quiere decir que se trataba de una edición que ofrecía más de una sola variante para ciertos textos del correspondiente al NT.

Cuando Robert Estienne editó la cuarta edición (1551), ya vivía en Ginebra y se había convertido al protestantismo. Es la primera edición que contiene versículos para dividir

---

[11] Metzger, p.103

el texto. (La división de los capítulos ya existía porque la introdujo Stephen Langton al principio del siglo XIII). Pero la cuarta edición tenía el mismo texto griego que la tercera.

Teodoro Bezae (1519-1605) fue el amigo y posterior sucesor de Juan Calvino como reformador en Ginebra, Suiza. Era un erudito de la literatura clásica y de la Biblia. En el transcurso de su vida publicó nueve ediciones del NT griego, y la décima apareció después de su muerte (en 1611). En todas sus ediciones el texto no era muy diferente del de la cuarta edición de Robert Estienne, y por lo tanto seguía la línea del texto de Erasmo. A pesar de esto, hubo un avance significativo en cuanto a las variantes, es decir, a las anotaciones y referencias a otros manuscritos y textos. Bezae mismo poseía el códice que posteriormente llevaría su nombre (Códice Bezae) y otros manuscritos más. También pudo utilizar los manuscritos que tenía el hijo de Robert Estienne. Parece que también comparó con un NT en siríaco que había sido publicado en 1569, y para algunos libros novotestamentarios usó una traducción al árabe. La importancia de la obra de Teodoro Bezae no radica en un cambio del texto griego mismo, sino en la influencia y el alcance de sus ediciones, que por cierto llegaron a mucha gente, y en la creación de la idea de que sus ediciones del texto griego deberían considerarse autoritativos.

La casa editorial de la familia Elzevir en Holanda se hizo famosa por sus publicaciones de formato pequeño y a un precio accesible y económico. Mayormente publicaban obras clásicas, teatrales, gramáticas, etc. En 1624, publicaron un NT griego de tamaño pequeño, de bolsillo. El texto fue tomado de una de las ediciones de Bezae. En la introducción a la segunda edición (1633) escribieron: "(con esto, el lector) tiene el **texto** que ahora **es recibido** por todos". De esta frase salió la expresión "Textus Receptus", la cual, aunque literalmente significa "texto recibido", en ese contexto quiere decir que el texto transmitido es de confianza y, por lo tanto, tiene cierta autoridad.

La tendencia de establecer un texto del NT en griego autoritativo ya había estado "en el aire", de modo que sólo hacía falta encontrar una fórmula aceptada por muchos, o inclusive por todos. El texto del NT griego establecido por Estienne, Bezae y Elzevir logró justamente acertar con esta fórmula que faltaba y, por ende, se estableció como texto autoritativo. Pero no hay que olvidar que la base de este texto sigue siendo la obra imperfecta de Erasmo de Rotterdam y los manuscritos muy tardíos que utilizaba. Con excepción de los de Bezae y Claramontanus, no se conocían otros códices, y mucho menos papiros, lo cual significa que en aquel momento se desconocían los manuscritos de más antigüedad conocidos actualmente. Tampoco se había entrado a una etapa de "crítica", de evaluación, sino más bien se seguía buscando autoridad. Hasta ese entonces, la versión latina de la Vulgata había sido el texto del NT con más autoridad; sin embargo, desde el siglo XVII lo fue el Textus Receptus.

La historia del desarrollo del texto del NT en griego es importante, porque este texto es, a la vez, la base de las traducciones a todos los idiomas europeos antes de 1881. Es muy probable que Lutero haya usado la segunda edición de Erasmo para su traducción del NT al alemán. También la versión inglesa, la Biblia King James, publicada en 1611 se basa en la versión de Estienne, Bezae, Elzevir, y por lo tanto en el texto de Erasmo. Esto no es sorprendente, porque no existían muchas versiones en cuanto al texto griego del NT, y si alguien quería traducir el NT desde el texto original, griego, prácticamente la única opción en aquel entonces era utilizar un texto que se basaba en el texto de Erasmo.

En cuanto a la traducción al castellano, fue Casiodoro de Reina quien editó el primer NT en este idioma traducido desde un texto en griego. Antes ya se había publicado Biblias en español, pero tenían como base textual la Vulgata, en latín. La primera edición de la Biblia traducida por Casiodoro de Reina fue publicada en setiembre de 1569, cuya base textual fue la edición de Robert Estienne de 1550; sin embargo, probablemente se utilizaron otras fuentes secundarias también. De todos modos, la traducción de Casiodoro de Reina fue aceptada como el texto más fidedigno respecto del texto del NT griego, aunque fue revisada por Cipriano de Valera en 1602. De esta colaboración, resulta el nombre conocido hoy como "Reina-Valera".

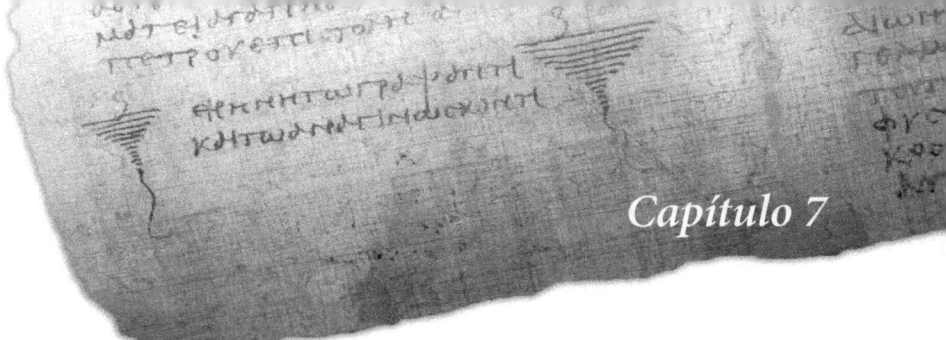

Capítulo 7

Del Textus Receptus hasta Griesbach

Desde Erasmo hasta definir un texto autoritativo equivalente al "Textus Receptus", el interés se concentró en el establecimiento de un texto griego del NT, pues ello significaba regresar a los orígenes de esta parte de la Biblia, ya que los autores redactaron sus textos en este idioma. No obstante, no hubo mucho interés por su veracidad, aunque a fines de esta época se empezó a incorporar diferentes lecturas de un texto (= "variantes"), pero estas diferencias servían más como un complemento del texto principal y no como posible alternativa al Textus Receptus.

Al establecerse el Textus Receptus como texto autoritativo, se intensificó la búsqueda de más manuscritos y la acumulación de variantes, pero sin evaluar los que se encontraban. Los eruditos empezaron a buscar manuscritos griegos del NT en librerías, museos, monasterios, mercados orientales, etc., tanto en Europa como en el Cercano Oriente y todos los lugares en donde la iglesia había existido y hubo de propagarse al principio de la era cristiana. El resultado de esta búsqueda fueron ediciones del NT griego que consistían en dos partes: una principal con el texto en griego —casi siempre, el Textus Receptus— y otra con el "Aparato crítico", es decir, con las variantes.

Probablemente sería mejor llamar a esta segunda parte solamente "aparato", porque no tenía nada de "crítico" o de evaluación, pues simplemente era una recopilación. A veces las dos partes iban en la misma página, y otras en páginas –incluso volúmenes– separadas.

En 1657, Brian Walton en Londres, Inglaterra, editó una Biblia en varios volúmenes. La parte del NT contenía el texto en los siguientes idiomas: griego (tercera edición de Robert Estienne de 1550), Vulgata, siríaco, etíope, árabe, persa (solamente los evangelios). En el aparato se mencionan las variantes que presenta el Códice Alejandrino, que hacía poco había sido entregado por el patriarca de Constantinopla al rey Carlos I de Inglaterra. En 1675, el doctor John Fell, decano de Christ Church en Oxford, Inglaterra, publicó un NT griego (con el texto de Elzevier de 1633), y en el aparato incluía variantes de más de cien diferentes manuscritos. Entre ellas estaban referencias a traducciones del NT al gótico y bohaírico, un dialecto de Egipto en el tiempo de los primeros cristianos.

En 1707, otro erudito inglés, John Mill, publicó un NT griego (con el texto de Robert Estienne de 1550) y un aparato que contenía todos los manuscritos griegos accesibles hasta aquel entonces, traducciones tempranas a otros idiomas, y citas de los padres de la iglesia en sus obras literarias. Era el aparato más extenso hasta el momento y se refería a más de 30 000 diferentes lecturas o variantes. No sorprende que fuera atacado verbalmente por otros teólogos, argumentando que con tantas diferencias era difícil confiar en la autenticidad del texto griego del NT.

El doctor Edward Wells, también de Oxford, publicó un NT griego en diez partes entre 1709 y 1719. Fue el primero en atreverse a publicar un texto que en más de doscientas instancias se diferencia del de Elzevier, es decir, del Textus

Receptus. Marca hasta cierto punto el inicio de otra época, en la cual se va dejando poco a poco el texto autoritativo del Textus Receptus como texto único de referencia y confianza. Una de las personas que sintió el impacto y se vio personalmente afectada en su fe por las más de 30 000 variantes que descubrió John Mill, fue Johann Albrecht Bengel (1687-1752) en Alemania. Como estudiante de teología se propuso revisar todas estas variantes y llegó a la conclusión de que no ponían en peligro ningún artículo de la doctrina evangélica. Lo que se encuentra en él por primera vez es una actitud crítica frente a los manuscritos. "Crítico" significa que no solamente recopilaba y ordenaba las variantes, sino también las evaluaba para poder decir cuál de las variantes era mejor que las demás. Hasta este momento, los editores simplemente constataban que había diferencias y contaban cuántas veces una cierta variante aparecía en los diferentes manuscritos griegos, traducciones a otros idiomas o citas de padres de la iglesia. No emitían un juicio sobre la calidad de las variantes.

J. A. Bengel publicó en 1734 un NT griego. No eliminó el Textus Receptus como texto principal de su edición, pero añadió en los márgenes muchas variantes y calificó a cada una en relación con aquel. Estableció cinco categorías: 1) la variante probablemente contiene el texto original; 2) la variante es mejor que el Textus Receptus; 3) la variante es igual de buena como el Textus Receptus; 4) el texto del Textus Receptus es mejor; 5) la variante es tan mala que hay que rechazarla. Aparte de esta edición, Bengel reflexionó sobre los criterios para evaluar las diferentes variantes, y llegó a dos conclusiones: en primer lugar, no se debería contar las variantes y calificar como mejores a las que aparecen en más manuscritos, ya que éstos pueden ser de siglos tardíos y, en consecuencia, copias de muchas copias.[12] De acuerdo con Bengel, sería mejor agrupar los manuscritos con características similares en "familias", para de esta manera determinar cuál es el área geográfica en la que fueron copiados, lo que denotaría una relación más cercana entre ellos. Agrupó los manuscritos en dos "familias": la "familia asiática", con su centro en Constantinopla, y la "familia africana", con su centro en el norte de África y Roma. En segundo lugar, señaló que lo más probable es que la variante difícil de entender sea la original, y no la que se entiende más fácilmente, porque un copista tiende a simplificar un texto difícil de entender, y no al revés: complicar un texto fácil. A pesar de todo esto, y aunque Bengel era conocido por su piedad y ortodoxia, mucha gente lo consideraba como un enemigo de las Sagradas Escrituras.

Más todavía se alejaba del Textus Receptus la edición de Edward Harwood en 1776. Para los evangelios y el libro de Hechos, Harwood usó el Códice Bezae como texto principal, y para las cartas paulinas, el Claramontanus. El texto del NT griego de Harwood se diferenciaba en un 70 % del Textus Receptus.

Por su parte, Johann Jakob Griesbach (1745-1812) profundizó lo que Bengel había empezado: por un lado, agrupó los diferentes manuscritos griegos en tres familias: la "familia alejandrina", con Orígenes como el más representativo; la "familia occidental", con el códice D como su mayor representante, y la "familia de Constantinopla", con el códice A como el de más representatividad. Griesbach

---

[12] Si una variante que dice "Jesús te ama" aparece en veinte diferentes manuscritos, y la variante "Dios te ama" solamente en dos, esto no significa que "Jesús te ama" es la mejor variante o la que se encuentra en el autógrafo. Muchos de estos manuscritos datan de los siglos X a XIII d. C., y por lo tanto son el resultado de muchas copias.

desarrolló, sobre todo, un catálogo completo de criterios que se deberían aplicar para encontrar la mejor variante.

Pero ¿qué es "la mejor variante"? Esta pregunta evidencia que había empezado una nueva etapa. En el primer periodo, los eruditos se interesaban por el establecimiento de un texto griego del NT, que terminaba con el Textus Receptus. En la segunda etapa, el interés se concentró en la búsqueda de manuscritos para enriquecer el Textus Receptus. Y en esta tercera —y última—, el interés se enfocó en el texto de los autógrafos. Esto quiere decir que los eruditos se hacían la siguiente interrogante: ¿Cómo habrá sido el texto que el autor –Pablo, Mateo u otro– escribió? En ese sentido, las preguntas por la "mejor variante" eran: "¿Cuál es la variante que con más probabilidad le corresponde al texto que el autor original escribió? ¿Cuál es el texto del autógrafo?".

Capítulo 8

La destitución del Textus Receptus y la crítica textual moderna

La pregunta por el texto de los autógrafos implicaba un cuestionamiento del Textus Receptus. Si se intentaba encontrar el texto de los autógrafos, entonces no se podía partir de asunciones intocables, como lo era el Textus Receptus. Más bien, se debían comparar todas las variantes, evaluarlas, someterlas a criterios razonables y lógicos, y de esta manera tratar de aproximarse al texto de los autógrafos.

Ya se vio la tendencia de dejar el Textus Receptus como texto base en Bengel, Harwood y Griesbach. Pero el primero en romper totalmente con él fue Karl Lachmann (1793-1851), un filólogo de la literatura clásica y germana en Berlín, Alemania. En 1831, editó un NT griego en el cual indicaba en qué parte de su texto se diferenciaba del Textus Receptus. Con ello, éste ya no era el texto base sino una variante entre varias, que se comparaba. Sin embargo, la edición de Lachmann presentaba dos debilidades: en primer lugar, no intentó establecer el texto de los autógrafos, sino el del NT al final del siglo IV en el cristianismo de Oriente. Para ello, solamente usó manuscritos anteriores al año 380 d. C, fueran griegos, traducciones a otros idiomas o citas de padres de la iglesia. En segundo lugar, como consecuencia del primer punto, la base de comparación era muy pequeña, porque en el tiempo de Lachmann todavía no existían muchos manuscritos que datan de los primeros cuatro siglos d. C. A veces tuvo a su disposición solamente un manuscrito para un determinado versículo.

Por ello, el personaje más importante para la crítica textual moderna es L. F. C. Tischendorf (1815-74), quien publicó más manuscritos y produjo más ediciones críticas de la Biblia griega que cualquier otro erudito. Tischendorf le escribió a su novia: "Estoy frente a una tarea sagrada, la lucha para restablecer la forma original del NT"[13]. Entre otros, descifró el Códice Ephraemi en París, que era un palimpsesto. Esto quiere decir que logró descifrar el texto del NT que había sido borrado y que tenía encima otro texto. Hizo muchos viajes por Europa y el Cercano Oriente, y en uno de éstos descubrió el Códice Sinaítico en un monasterio en el desierto del Sinaí. La historia de este descubrimiento parece una novela, pero tendrá que leerla en otro lugar. La edición más importante que publicó Tischendorf, fue la octava (1869-72), la cual fue acompañada por un amplio aparato crítico, recopilando todas las variantes que él mismo u otros antes de él habían encontrado en los diversos manuscritos.

En el ámbito inglés, fue Samuel Prideaux Tregelles (1813-75) quien más aportó al interés en los autógrafos. Desarrolló criterios similares a los de Lachmann, para decidir cuál era con más probabilidad el texto del autógrafo. También examinó las citas de los padres de la iglesia hasta Eusebio y editó otro palimpsesto, el Códice Zacynthius, el cual había sido adquirido para la Sociedad Bíblica Inglesa en 1821. A diferencia de Tischendorf, quien publicaba un NT griego cada vez que encontraba un manuscrito,

---

[13] Metzger, p. 126 (Trad. de E. Walder).

Tregelles apuntó a una sola edición final que reuniera todos su esfuerzos (1857-72).

Cada vez que se encontraba un manuscrito nuevo, aunque muy pequeño, tenía que ser comparado con los manuscritos existentes; es decir, se lo incorporaba al aparato crítico, con lo cual la base de comparación se fue ampliando desde el establecimiento del Textus Receptus.

Muchos de los textos encontrados recientemente provienen del Cercano Oriente, el lugar geográfico en el que vivieron y se movieron los autores de los textos del NT y, por lo tanto, en donde se puede esperar que se encuentren los manuscritos más antiguos y cercanos al original. Por consiguiente, estos manuscritos —sobre todo los papiros— representan un estado de copia más antiguo que los encontrados anteriormente, que fungieron de base para el NT griego de Erasmo y, por ende, como base para las traducciones más antiguas a los idiomas modernos, como la de King James y la de Reina-Valera.

En 1881, se publicó un hito en el desarrollo del NT griego: B. F. Westcott (1825-1901) y F. J. A. Hort (1828-92) publicaron su NT griego, en el cual adoptaron un texto griego que se basaba en los manuscritos más antiguos, y ya no en el Textus Receptus. No consideraron necesario incluir un aparato crítico para por lo menos comparar su texto con el del Textus Receptus, pero incluyeron la discusión de algunos pasajes bíblicos que se diferenciaban mucho de aquél. Así el Textus Receptus fue declarado un texto "pobre" y no muy "confiable", y favorecieron el de los códices Vaticano y Sinaítico porque concluyeron que eran los más sobrios y neutrales. Según los eruditos, incluyendo los de la actualidad, Westcott y Hort lograron comprobar que el texto bizantino, la base del Textus Receptus, es el texto más tardío y más alejado de los autógrafos.

Basándose en el texto de Westcott y Hart y comparando con las ediciones de Tischendorf y Bernhard Weiss (1827–1918), Eberhard Nestlé (1851–1913) editó un NT griego de bolsillo para la Sociedad Bíblica de Württemberg en Stuttgart, Alemania. En cada caso, elegía la variante en la cual coincidían dos de los tres textos consultados. Por lo tanto, se puede decir que el texto de Nestlé representa la forma en que los eruditos de fines del siglo XIX consideraban autográfico el NT griego. También incluyó en su edición un aparato crítico para que el lector mismo pudiera comparar las diferentes variantes. Durante muchos años, Nestlé publicó ediciones mejoradas que incluían los manuscritos que se iban descubriendo durante el siglo XX. En esta labor le siguieron su hijo, Erwin, y Kurt Aland. Actualmente se puede conseguir la edición 28 del NT griego de Nestlé-Aland (con algunos cambios importantes).

Como dice en la introducción a la primera edición del NT griego de las Sociedades Bíblicas Unidas, en 1955 la Sociedad Bíblica Americana, la Sociedad Bíblica Nacional de Escocia y la Sociedad Bíblica de Württemberg nombraron un comité internacional e interdenominacional de eruditos para que elaboraran una edición del NT griego para las Sociedades Bíblicas Unidas (SBU). La tercera edición tiene como base el mismo texto del NT griego de Nestlé-Aland en su edición número 26. Actualmente, se puede comprar la cuarta edición del NT griego de las Sociedades Bíblicas Unidas, la cual sigue con el mismo texto principal pero con algunos cambios en el aparato crítico.

El Nestlé-Aland (NA) tiene variantes en el texto en mucho más instancias que el NT griego de las Sociedades Bíblicas Unidas (SBU), el cual menciona variantes solamente en las instancias más importantes. Por otro lado, la SBU en muchos casos presenta una lista más extensa de las variantes sobre un determinado pasaje en el texto bíblico. Aunque las dos ediciones (NA 27) y (SBU 4) concuerdan en su texto principal o base, muestran diferencias en el aparato crítico.

La edición de la SBU se dirige principalmente a traductores de la Biblia y pastores, es decir, a personas que quieren estudiar ciertos pasajes bíblicos con un fin fundamentalmente práctico. Por esta razón, los editores incluyen en su aparato crítico un sistema de evaluación en cuanto a la certeza de su decisión; quiere decir que ponen siglas para expresar si tienen mucha o poca duda sobre si el texto principal es el texto del autógrafo. La edición de NA se dirige más a especialistas y eruditos académicos con interés en estudiar todos los detalles. La aplicación práctica del aparato crítico en este libro se realiza con base en la edición de las Sociedades Bíblicas Unidas.

Preguntas para reflexionar

1. ¿Cuándo empezó la búsqueda del texto del autógrafo?
2. ¿Por qué se puede afirmar que el Textus Receptus es deficiente? ¿Y por qué ya no es tan importante para nosotros hoy?
3. ¿Qué tienen en común la Vulgata, el Textus Receptus y la Reina-Valera?
4. ¿Qué piensa de la posición de Westcott y Hort quienes prefieren a los códices Sinaítico y Vaticano como los más fidedignos?
5. ¿Hasta qué punto la comparación de los diferentes manuscritos puede poner en peligro nuestra confianza en el texto bíblico? ¿Por qué es tan importante poder confiar en el texto bíblico?
6. ¿Qué pasaría si se encontrara hoy un papiro del Evangelio de Marcos que se pudiera datar claramente al final del siglo I d. C. y que dijera en Marcos 1.4: "Así se presentó Juan, **el tío de Jesús**, bautizando en el desierto y predicando…"?

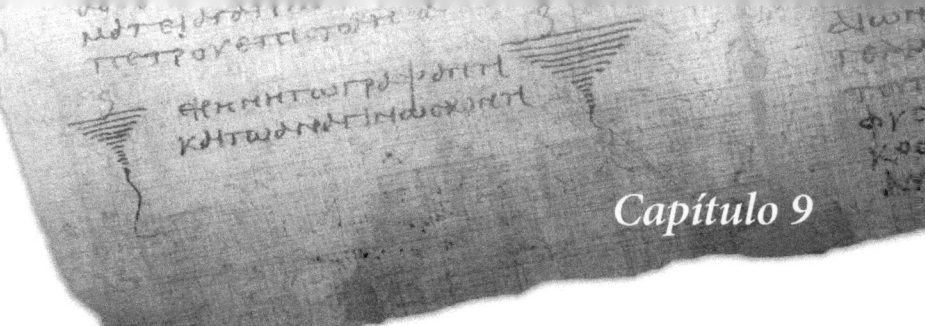

Capítulo 9

La evaluación de los diferentes manuscritos encontrados hasta hoy

La difusión de las copias

Antes de poder evaluar los diferentes manuscritos y llegar a una conclusión personal en cuanto al texto del autógrafo, se debe ampliar un poco más el aspecto de la difusión de las copias y explicar algo sobre los criterios para la evaluación de los manuscritos.

Podemos imaginarnos con el diagrama ficticio lo que pasaba al copiar el autógrafo. Es posible que se lo haya copiado una sola vez, pero en el diagrama se asume que lo hicieron tres veces. A su vez, estas copias fueron copiadas nuevamente, lo mismo que las copias de las copias, y así sucesivamente. Por este motivo, en la actualidad ya no podemos determinar con seguridad quién copió de quién; sólo es posible constatar las diferencias y reflexionar sobre su razón de ser.

No se ha encontrado hasta ahora ningún autógrafo, de modo que dependemos completamente de las copias y de las copias de las copias. Pero tampoco se han encontrado todas las copias, y no se sabe cuáles de las copias del diagrama se ha encontrado. A modo de ilustración podemos imaginarnos las siguientes situaciones:

Diagrama ficticio en el proceso de copiado

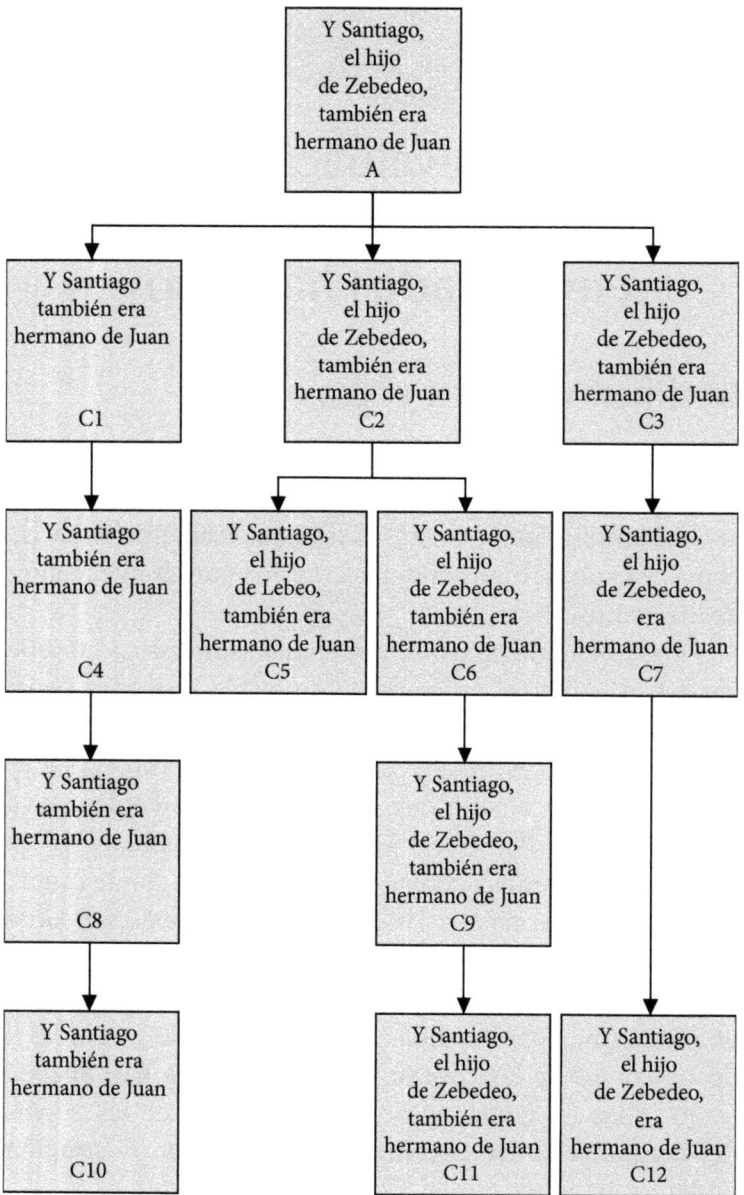

a) En un caso extremo puede ser que solamente se hayan encontrado las copias C1, C4 y C8. Así, tendríamos una información completamente equivocada en comparación con el autógrafo.
b) En otro caso puede ser que se hayan hallado C1, C6 y C12. De este modo, se tendría que analizar cuál podría haber sido el autógrafo; un asunto que en este caso es bastante difícil, porque existe una cantidad idéntica de manuscritos para cada versión. Habría necesidad de recurrir a otros criterios además de simplemente el criterio de la cantidad.
c) Supongamos que se han encontrado los manuscritos C4, C8, C10 y C11. Si nos dejáramos guiar por la cantidad de éstos, tendríamos que concluir que la versión del autógrafo es "Y Santiago también era hermano de Juan", porque existen tres manuscritos que la apoyan. Sin embargo, a pesar de esta cantidad —y pese a que las copias son más antiguas—, esta versión es equivocada, porque sabemos que la versión del autógrafo incluía "el hijo de Zebedeo". La única versión correcta es la copia C11.

Estos ejemplos evidencian que hoy estamos obligados a deducir cuál ha sido el texto del autógrafo, deducción que implica siempre un razonamiento humano. No obstante, si bien es cierto que es recomendable dejarse guiar por los criterios más trabajados y comprobados por la razón humana, siempre se debe tener en mente que se está trabajando sobre la base de hipótesis y razonamientos humanos, y que cualquier hallazgo de un manuscrito nuevo puede teóricamente cuestionar todos los razonamientos anteriores.

El caso más actual es el descubrimiento del manuscrito 7Q5. Quien quiera saber más acerca de este papiro, puede revisar otros trabajos como los de O'Callaghan[14] y Thiede[15]. Si se pudiera comprobar que este papiro que se encontró en las cuevas de Qumrán es un texto del evangelio de Marcos, entonces se tendrían que reconsiderar las fechas establecidas para la redacción de los evangelios, ya que significaría que existió una copia del evangelio de Marcos antes del año 50 d. C.

Criterios para evaluar los manuscritos

▷ *La variante con la cual se puede explicar mejor cómo se llegó a otras variantes*, es probablemente la del autógrafo.

▷ *La distribución geográfica de donde proviene el manuscrito*; siempre y cuando las regiones hayan sido realmente independientes unas de otras. Regiones importantes son: Egipto, Europa, África del Norte, Siria, Asia menor.[16]

▷ *La edad del manuscrito*, aunque no es un criterio absoluto.

▷ *La variante más autográfica es aquella más difícil de entender*, porque se piensa generalmente que es probable que un copista haya simplificado un texto complicado anterior para hacerlo más comprensible, y no al revés.

---

[14] José O'Callaghan, "¿Papiros neotestamentarios en la cueva 7 de Qumrán?" En: *Bíblica 53*, 1972, pp. 91-100

[15] Carsten Peter Thiede, *Die älteste Evangelien-Handschrift? Das Markusfragment von Qumran und die Anfänge der schriftlichen Überlieferung des Neuen Testaments* (2da. ed.) Wuppertal: R. Brockhaus, 1990

[16] Jerusalén y Antioquía de Siria, por ejemplo, se encuentran en la misma región, mientras que Antioquía de Galacia y Éfeso se ubican en dos regiones distintas.

- *La variante más corta es la autográfica*, pues comúnmente se asume que es probable que un copista haya añadido algo al original, y no que hubiese eliminado un elemento de él. Este criterio es relativo, porque a veces la variante corta resulta por omisión u olvido de algo.
- Un *texto tosco en cuanto al estilo o la gramática es el autográfico*, ya que generalmente se piensa que los copistas, al hacer su tarea, trataban siempre de mejorar el texto.
- *Las "familias" de textos*[17]. Sobre todo el bizantino es de muy poco valor, porque al parecer con él en el siglo III Lucián de Antioquía estableció un texto que combinó deliberadamente partes de diferentes manuscritos, el cual llegó a ser el más aceptado en la Iglesia Ortodoxa griega, con un valor similar a la Vulgata para la Iglesia Católica.

---

[17] Metzger, pp. 112 y 119.

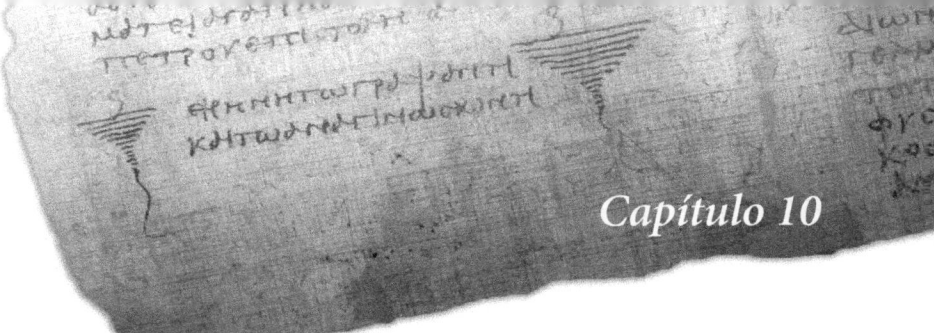

Capítulo 10

Los diferentes manuscritos que tenemos en la actualidad

Panorama general

Hoy se pueden diferenciar los siguientes grupos de manuscritos:

Manuscritos griegos	Papiros	
	Mayúsculas (o unciales)	
	Minúsculas	
Traducciones antiguas	Latín	
	Siríaco	Siríaco antiguo
		Peshitta
	Copto	Sahídico
		Bohaírico
	Armenio	
	Gótico	
	Georgiano	
	Etíope	
Padres de la iglesia		
Leccionarios		

Puesto que este material es una introducción básica a la crítica textual, no tiene sentido hacer una lista de todos los manuscritos, pero es interesante e importante conocer algunos, para darse cuenta de la variedad en el contenido de los diferentes manuscritos, el estado actual de ellos, qué tamaño abarcan y cuándo fueron encontrados. Toda esta información nos ayuda a entender mejor que el descubrimiento de las copias antiguas es un evento bastante reciente y que todavía falta mucho para entender todos los detalles.

Manuscritos griegos

Los manuscritos griegos son la fuente más original y fidedigna, ya que los libros del NT fueron escritos en este idioma y, por lo tanto, no han sido traducidos, lo cual es un proceso que siempre implica una interpretación del texto y, por ende, el riesgo de cambiar el original de manera inadecuada. Por lo tanto, la comparación de estos manuscritos nos ayuda a entender mejor el texto: se puede estudiar la gramática del griego koiné para deducir por qué un copista ha cambiado una preposición, una conjunción, una forma verbal. Asimismo, es posible estudiar el uso de diferentes términos para deducir si son sinónimos o si se modifica algo del sentido al cambiar el término.

Existen tres grupos de manuscritos griegos:

Papiros

Tienen la sigla 𝔓, están escritos en mayúsculas y sobre papiro.

𝔓45 El papiro fue adquirido por Sir Chester Beatty, de Irlanda, en 1930, de un traficante de antigüedades en Egipto. Hoy el manuscrito se encuentra en Dublin. Data del 250 d. C., aproximadamente. Originalmente contenía cerca de 110 hojas, de las cuales se han conservado dos de Mateo (Mt 20-21 y 25-26), seis de Marcos (Mr 4-9 y 11-12), siete de Lucas (Lc 6-7 y 9-14), dos de Juan (Jn 4-5) y 13 de Hechos (Hch 4-17). Aun así estas hojas tienen lagunas y casi no existe ninguna línea completa. El orden de los evangelios es: Mateo, Juan, Lucas, Marcos.

𝔓52 Este papiro fue adquirido por B. P. Grenfell en Egipto en 1920, pero recién fue estudiado en 1934. Hoy el manuscrito se encuentra en Manchester, Inglaterra. Data de la primera mitad del siglo II y es solamente un fragmento de una página que contiene Juan 18.31-33, 37-38. Con este papiro se pudo comprobar que el evangelio de Juan, escrito supuestamente en Éfeso, ya se conocía en Egipto en la primera mitad del siglo II.

𝔓66 El papiro fue adquirido por M. Martin Bodmer de Ginebra, Suiza, en 1952 en Egipto, y se publicó en 1956. Se data durante el segundo siglo y contiene 156 páginas, con un tamaño de 14,2 cm x 16,2 cm. Cada hoja tiene un aproximado de 15 líneas. Contiene el Evangelio de Juan con los siguientes pasajes: Jn 1.1-6.11; 6.35b-14.26; 14.29-30; 15.2-26; 16.2-4, 6-7; 16.10-20.20; 20.22-23; 20.25-21.9; 21.12, 17. Se encuentra en un estado sorprendentemente bueno.

𝔓72 Este papiro también fue adquirido por M. Martin Bodmer de un traficante de antigüedades en 1952 d. C., aproximadamente. Parece que fue encontrado en Egipto en el lugar donde se ubicaba anteriormente un monasterio. Se publicó en 1959, pero data del siglo III o IV. Es un códice que contiene los siguientes libros: 1 Pedro, 2 Pedro, Judas, Natividad de María, Correspondencia apócrifa de Pablo a los Corintios, Oda de Salomón, Homilía de Melito, Apología de

Fileas, Salmos 33 y 34, y el fragmento de un himno. Está escrito en 72 hojas de tamaño 14.5 cm. × 16 cm. Cada página contiene 16-20 líneas.

Mayúsculas

También son llamadas "unciales". Tienen como sigla las mayúsculas del alfabeto griego (el primer códice tiene el "aleph" hebreo: א) y números que empiezan con la cifra "0", dado que a los eruditos se les acabaron las letras del alfabeto griego al encontrar más y más mayúsculas. Están escritos con mayúsculas sobre pergamino.

- **Códice Sinaítico (א o 01).** Es de la primera mitad del siglo IV. Konstantin von Tischendorf lo descubrió en 1859 en el monasterio de Santa Catalina al pie del monte Sinaí. Todo el descubrimiento y la historia posterior se parecen a una novela de aventuras, la cual se puede leer en otros sitios. Hoy en día se exhibe en el Museo Británico en Londres. Contiene todo el AT (Septuaginta) y todo el NT, igual como la Epístola de Bernabé y el Pastor de Hermas.
- **Códice Alejandrino (A o 02).** Es del siglo V y se lo regalaron en 1627 al rey Carlos I de Inglaterra. Hoy se exhibe junto con el Códice Sinaítico en el Museo Británico en Londres. También contiene todo el Antiguo y el Nuevo Testamento, además de I y II de Clemente, pero le faltan partes del NT (Mt 1.1-25.6; Jn 6.50-8.52; 2Co 4.13-12.6).
- **Códice Vaticano (B o 03).** Data de la mitad del siglo IV y se encuentra en la biblioteca del Vaticano en Roma. Se lo menciona por primera vez en un catálogo de 1475 de los libros de esta biblioteca. Por lo tanto, debe haber ingresado antes, pero no se sabe cuándo ni cómo. Las autoridades del Vaticano se resistieron

hasta 1889/90 a dar acceso a este manuscrito, lo cual despertó sospechas en cuanto a su contenido y generó la siguiente pregunta: ¿Qué quiere esconder la Iglesia Católica? Pero al publicarlo se pudo constatar que no contenía nada sorprendente y que además era muy similar al Códice Sinaítico.

El códice contiene ambos testamentos y los libros apócrifos del AT, salvo los libros de los Macabeos. Hoy faltan ciertas partes: los primeros 46 capítulos de Génesis, aproximadamente 30 Salmos, y toda la parte que incluía 1 y 2 Timoteo, Tito, Filemón y Apocalipsis. Lo interesante es que en este códice uno puede observar cómo eran revisados los textos a veces. Una persona posterior al copista original sobrescribió todo el texto omitiendo las letras y palabras que, en su opinión, eran erróneas. No se sabe cuál era su criterio en cuanto a "correcto" o "erróneo", pero podría ser que tenía a su disposición otro manuscrito con el cual comparaba el Códice Vaticano.

> **Códice Efrén (C o 04).** Este códice data del siglo V y contiene toda la Biblia. Después de la caída de Constantinopla (1453), lo llevaron a Florencia y llegó a manos de Catalina de Médici. Ella lo llevó a París, donde pasó a formar parte de la colección de la Biblioteca Nacional de Francia, en la cual se encuentra hasta hoy. En el siglo XII el texto bíblico fue borrado y una persona usó el mismo pergamino para copiar encima un texto de San Efrén, un padre de la iglesia siríaca. Por lo tanto, existen dos textos, uno sobre el otro. Como se mencionó anteriormente, esto tipo de manuscritos se llama "palimpsesto". Konstantin von Tischendorf logró descifrar el texto bíblico en 1840 después de aproximadamente dos años de trabajo.

Hoy lo que tenemos a disposición del manuscrito son 46 hojas del AT y aproximadamente 60 % del texto del NT. No hay ningún libro del NT completo, pero de cada uno existe por lo menos una hoja.

Minúsculas

Tienen como sigla números que empiezan con una cifra que no sea "0". Están escritos con minúsculas sobre pergamino.
- ➤ **Minúscula 33.** Este manuscrito data del siglo IX o X. Contiene todo el NT, salvo el libro de Apocalipsis. Hoy se encuentra en París.
- ➤ **Minúscula 61.** Este manuscrito, que data del siglo XV o XVI, también contiene todo el NT. Es el primer manuscrito encontrado que contiene 1 Juan 5.7–8. Existe la posibilidad de que fuera redactado específicamente para demostrarle a Erasmo que existe un manuscrito con estos versículos.
- ➤ **Minúscula 565.** Este manuscrito data del siglo IX o X y es una copia de lujo. Contiene solamente los cuatro evangelios, pero el pergamino es de color púrpura y las letras han sido escritas con tinta de oro.

Traducciones antiguas

Las traducciones antiguas no tienen mucha importancia en cuanto al estudio lingüístico del texto, es decir, la gramática y el uso de ciertos términos, porque de todos modos las traducciones siempre son una interpretación del texto original, la cual puede ser más o menos acertada.

Pero la información en cuanto a las traducciones antiguas nos ayuda a determinar la integridad del texto, es decir, a señalar si faltan "versículos" o no. También nos ayuda a definir en qué siglo y en qué parte del mundo conocido en aquel entonces se conocía un determinado texto del NT. Ya que el evangelio se introdujo muy rápidamente a estratos sociales que no dominaban el griego, pues hablaban otro idioma —es decir, clases sociales medias y bajas de otros grupos étnicos conquistados por el Imperio romano—, fue necesario desde muy temprano traducir el texto al idioma hablado por estas personas. Por lo tanto, muchas veces estas traducciones son más antiguas que las mismas copias griegas del texto.

En comparación con los manuscritos griegos, son pocos los manuscritos de traducciones a otros idiomas.

Traducciones al latín

Se deben distinguir dos grupos de manuscritos en latín, marcadamente distintos: el grupo de "Ítala", llamado también "Vetus Latina" (traducción al latín antes de la Vulgata) y la Vulgata.

Muy probablemente las primeras traducciones al latín se realizaron durante las últimas décadas del siglo II. En ese entonces, por un lado, en Italia la gente de servidumbre no hablaba griego, sino latín, y por otro, en África del Norte, donde Cartago era una ciudad grande y rivalizaba con Roma en cuanto a importancia, el idioma predominante era el latín, más no el griego. Por lo tanto, se pueden diferenciar dos líneas de traducciones, una en África del Norte y otra para la parte occidental del Imperio romano: Italia, Francia, Inglaterra. En ambos casos, las traducciones son algo toscas y parecen hechas de acuerdo con el concepto de la traducción interlineal, en el cual se trata de traducir lo más fidedignamente palabra por palabra sin darle importancia a la gramática, el orden o el sentido de las palabras en el idioma meta. No sorprende la gran cantidad de variaciones existentes, porque en el ámbito del idioma latín no hubo tanta erudición como en el del griego y, por ende, los traductores no ponían tanto énfasis en los detalles lingüísticos.

Según la tradición, el papa Dámaso I le encargó en el año 382 d. C. a San Jerónimo que estableciera un nuevo texto bíblico en latín y que fuera elaborado con mucho cuidado erudito para poder reemplazar las muchas traducciones antiguas. Parece que San Jerónimo tomó como base un texto en latín (no se sabe cuál) y lo comparó con varios manuscritos griegos que tuvo a su disposición. No se sabe exactamente si San Jerónimo realizó todo este trabajo él solo o si únicamente hizo una parte del trabajo. Lo que sí es un hecho es que la parte de los evangelios está traducida con mucho más cuidado que el resto del NT. Esta versión llegó a ser la "Vulgata". De todos modos, ésta se constituyó en la única traducción aceptada en latín, aunque a lo largo del tiempo y, según el avance de las copias, se fue introduciendo muchos cambios.

Ítala o Vetus Latina

➢ **Codex Palatino (it e).** Data del siglo V d. C. y contiene solamente partes de los cuatro evangelios. Está escrito en pergamino de color púrpura y con tinta de oro y plata. La mayor parte se encuentra en Viena, Austria, pero una hoja está en Trinity College, Dublín, y otra se halla en la Librería Británica en Londres.

➢ **Codex Bobbiensis (it k).** Data del inicio del siglo V d. C. y hoy solamente se conserva parte de los evangelios de Mateo y Marcos. Es interesante constatar que el evangelio según San Marcos en este manuscrito tiene un final diferente: el llamado "final corto" después

del versículo Mr 15.8. Probablemente, el orden de los evangelios en este manuscrito era: Juan – Lucas – Marcos – Mateo.
➤ **Codex Veronensis (it b).** Data del siglo v d. C. y es también una edición de lujo (tinta de plata y oro). Es interesante constatar que contiene los cuatro evangelios en este orden: Mateo – Juan – Lucas – Marco.

Vulgata

De la Vulgata existen muchas copias. Una de las más bonitas son los evangelios de Lindisfarne.

El manuscrito data del año 700 d. C., aproximadamente, y tiene ilustraciones céltico-sajones. Además, presenta explicaciones en el idioma anglosajón.

Siríaco

Existen algunos manuscritos sueltos y con muchas elipsis en el idioma siríaco, de la región al norte de Israel. La única excepción es la Peshitta, de la cual se conoce hoy en día cerca de 350 diferentes copias. En el ámbito cultural siríaco, la Peshitta tenía la misma importancia que la Vulgata en el latino. Es interesante constatar que contiene solamente 22 libros del NT; faltan 2 Pedro, 2 Juan, 3 Juan, Judas y Apocalipsis. La Peshitta fue traducida por primera vez a inicios del siglo v d. C., y a partir de este momento se empezó a copiarla.

Copto

El idioma de Egipto se iba cambiando desde los jeroglíficos. A partir del siglo II a. C., se fue introduciendo poco a poco el alfabeto copto, que consiste en las letras mayúsculas (unciales) del idioma griego, añadiendo algunos caracteres de la escritura demótica. Por lo tanto, los manuscritos del NT ya no se encuentran en jeroglíficos, sino en letras griegas. Existían varios dialectos coptos, pero predominaba el del sur de Egipto (Alto Egipto), el sahídico, y el bohaírico, del delta del río Nilo en el norte del país (Bajo Egipto). En ambos dialectos se han encontrado manuscritos, y unos pocos también en otros. Las traducciones a los dialectos egipcios empezaron en el siglo III d. C., puesto que en aquel país vivían muchos judíos.

Otros idiomas

En la mitad del siglo IV d. C., Ulfilas (o Wulfila), el misionero a los godos, tradujo la Biblia al idioma gótico, con lo cual le dio a esta tribu germana por primera vez un texto escrito. Se conocen aproximadamente seis manuscritos en este idioma. Muchos más se conocen de la traducción al armenio (más de 1200), y muy probablemente hay varios más en los monasterios ortodoxos en Rusia. La traducción al armenio fue realizada en la segunda mitad del siglo V d. C. Asimismo, se sabe de traducciones a los idiomas georgiano, etíope, persa y árabe.

Los padres de la iglesia

También tienen cierta importancia las citas de los "padres de la iglesia", llamados así los teólogos y líderes que guiaban a las congregaciones. De estos, solamente nos interesan quienes también eran autores de libros o de otros escritos, porque sólo de ellos tenemos hasta hoy a nuestra disposición los resultados de sus reflexiones.

Estos autores muchas veces citaban versículos de los escritos que posteriormente conformarían el canon del NT. Lo hacían para argumentar a favor o en contra de ciertas otras posiciones teológicas, propias o ajenas. Son muchos los padres de la iglesia en los primeros siglos del cristianismo, y también son muchos sus escritos.[18]

Por supuesto que las citas de los padres de la iglesia no ayudan mucho para determinar el texto exacto del autógrafo. No se sabe si la cita es exacta o no, si se basa en un texto que el autor tuvo a su disposición o si simplemente la consignaba de memoria, si intentaba citar de manera literal o si simplemente quería hacer una alusión parafraseada. Por ello, no sabemos qué tan cercana es la cita respecto del autógrafo. Además, existe otro problema: ya que los escritos de los padres de la iglesia también fueron copiados, es muy probable que un copista haya corregido una cita de acuerdo con un texto del NT que le pareció más acertado. Sin embargo, a pesar de todo, las citas ayudan a definir en qué parte del Imperio romano y en qué época se conocía un determinado escrito de los autores de los libros del NT.

Leccionarios

Los "leccionarios" son libros litúrgicos en los cuales se agrupan lecturas bíblicas determinadas para días o acontecimientos específicos. Hasta hoy se pueden comprar en las librerías libros devocionales que contienen diferentes textos bíblicos para cada día. A veces incluyen un comentario adicional, pero muchas veces solamente proporcionan textos bíblicos. Sobre todo en las iglesias cristianas del Imperio romano oriental, con su capital Constantinopla, se conservaban de esta manera textos del NT griego, mientras que en las iglesias cristianas del Imperio romano occidental

---

[18] Papa Benedicto XVI. *Los Padres de la Iglesia: de Clemente de Roma a San Agustín*. Editorial Ciudad Nueva, Madrid, 2008. Wenceslao Calvo. *Padres de la iglesia*. Publicaciones Andamio, 2015.

o predominaba el latín o la Biblia, y sus textos habían caído en el olvido por la ruina del Imperio y la invasión de las tribus germanas.

La ventaja de los leccionarios es que tienden a ser "conservadores" —igual como la predilección por la Biblia Reina-Valera para la lectura bíblica en las iglesias evangélicas en América Latina hoy—, por lo que es alta la probabilidad de que en ellos se haya tratado de conservar una copia exacta del texto. La desventaja de los leccionarios es que suelen ser relativamente tardíos, es decir, compuestos a partir de los siglos VII y VIII. El hecho es que el énfasis en un culto litúrgico generó la necesidad de leccionarios y de ese modo la idea del culto litúrgico surgió en esa época.

De todos modos, las versiones de los textos del NT en los leccionarios ayudan a determinar en qué parte del mundo de aquel entonces se transmitía qué versión del texto del NT.

Preguntas para reflexionar

1. ¿Cuál es la diferencia, en cuanto a su valor para la crítica textual, entre un manuscrito en griego y uno en otro idioma?
2. ¿Qué son las "unciales"?
3. ¿Cuáles son las dificultades al determinar el texto más aproximado al autógrafo?
4. ¿Cuáles deben ser los criterios para evaluar el peso de una cierta variante?

Capítulo 11

El aparato crítico

Las ediciones modernas del NT en griego, tanto la versión de Nestlé-Aland (NA) como la de las Sociedades Bíblicas (GNT), contienen dos partes en la sección principal: en la superior, el texto del NT, y en la inferior, el aparato crítico.

El texto del NT es idéntico en NA y GNT, pero eso no quiere decir que por eso sea una autoridad absoluta — como en su tiempo el Textus Receptus— o que sea el de los autógrafos, porque de todos modos los teólogos lo han constituido de acuerdo con sus criterios; lo cual quiere decir que, después de haber evaluado todos los manuscritos existentes, establecieron el texto que, según su criterio, probablemente sea el original, el de los autógrafos.

En la parte del aparato crítico, las dos versiones presentan diferencias, aunque ambas escogieron distintas partes del texto con sus variantes y señalan diferentes variantes y testigos (manuscritos). Ya que el GNT se dirige más a las personas que usan el texto para su trabajo exegético práctico (pastores, lingüistas, traductores), la versión de Sociedades Bíblicas escogió las diferencias de mayor importancia. En cambio, NA se dirige más al público académico y, por lo tanto, presenta más detalles. En ambos casos, no es posible presentar todas las variantes existentes porque son demasiadas, y muchas veces la causa de las diferencias es tan obvia (omisión de una letra o de una palabra, comentario marginal que se incluyó por error en el texto, etc.), que no tiene mucho sentido estudiarlas.

El aparato crítico muestra cuáles son los manuscritos que presentan cierta variante para que el lector pueda formarse su propia opinión en cuanto a los manuscritos y las variantes.

A continuación se explica la estructura del GNT. Para el aparato crítico de NA, no es necesaria una explicación porque su estructura se puede entender fácilmente leyendo la introducción y las explicaciones de las abreviaturas y los símbolos utilizados.

La estructura del aparato crítico de GNT

Cada referencia en el aparato crítico empieza con un número pequeño, seguido por otro más grande. El pequeño es parte de la numeración que señala la ubicación de los problemas textuales que se indican en el aparato crítico. Para cada capítulo, se empieza de nuevo con el número uno. El número más grande se refiere al versículo en el texto en la parte superior de la página. A veces existen varias problemáticas textuales en un versículo, pero cada una tiene su propia referencia (ver Juan 7.39 en GNT).

Luego se encuentra una letra latina mayúscula (A, B, C o D) entre corchetes, la cual indica el grado de certeza de parte de los autores de GNT en cuanto a su decisión textual. Al colocar la letra A, querían decir que estaban seguros de que la versión que ellos pusieron en el texto superior era la del autógrafo. Si al otro extremo colocaban la letra D, reconocían que no tenían la seguridad en lo absoluto de si su decisión era buena, ya que la evidencia de los manuscritos era muy escasa o sumamente difusa.

| 345 | ΚΑΤΑ ΙΩΑΝΝΗΝ | 7.39-42 |

καθὼς εἶπεν ἡ γραφή, ποταμοὶ ἐκ τῆς κοιλίας αὐτοῦ ῥεύσουσιν ὕδατος ζῶντος.[aa] **39** τοῦτο δὲ εἶπεν περὶ τοῦ πνεύματος ὃ ἔμελλον λαμβάνειν οἱ πιστεύσαντες[7] εἰς αὐτόν· οὔπω γὰρ ἦν πνεῦμα[8], ὅτι Ἰησοῦς οὐδέπω ἐδοξάσθη.[bb]

---

[7] **39** {B} οἱ πιστεύσαντες 𝔓[66] B L T W it[e] syr[c, s] cop[sa mss, pbo] geo[1] Gregory-Nyssa[mss]; Cyprian ∥ οἱ πιστεύοντες ℵ D Δ Θ Ψ 0105 0141 f[1] f[13] 28 33 157 180 205 565 579 597 700 892 1006 1010 1071 1241 1243 1292 1342 1424 1505 Byz [E G H N] Lect it[a, aur, c, d, f, ff2, l, q] vg syr[p, h, pal] cop[sa mss, bo, ach2] geo[2] slav Irenaeus[lat vid] Origen Eusebius Athanasius Ps-Athanasius Marcellus Gregory-Nyssa Didymus Didymus[dub] Chrysostom Severian Marcus-Eremita Cyril Hesychius; Victorinus-Rome Hilary Ambrosiaster[vid] Ambrose[1/4] Gregory-Elvira Jerome Augustine[8/19] Speculum Varimadum ∥ οἱ πιστεύσοντες it[r1] cop[sa mss] Rebaptism Ambrose[3/4] Augustine[11/19] Ps-Vigilius

[8] **39** {A} πνεῦμα 𝔓[66c, 75] ℵ N* T Θ Ψ vg[st] cop[bo pt] arm eth geo[1] Origen[gr. lat1/6] Ps-Dionysius Cyril[3/9] Hesychius; Rebaptism ∥ πνεῦμα ἅγιον 𝔓[66*] L W Δ 0105 0141 f[1] f[13] 28 33 157 180 205 565 579 597 700 892 1006 1010 1071 1241 1243 1292 1342 1424 1505 Byz [E G H N[c]] Lect eth Origen[lat4/6] Marcellus Didymus[dub] Chrysostom Cyril[6/9] Theodoret; Tyconius ∥ πνεῦμα δεδομένον it[a, aur, b, c, ff2, l, r1] vg[cl, ww] syr[c, s, p] Eusebius; Victorinus-Rome Ambrosiaster Ambrose Gaudentius Jerome Augustine ∥ πνεῦμα ἅγιον δεδομένον B it[e, q] vg[mss] (syr[mss] δεδομένον with *) syr[pal] geo[2] slav Origen[lat1/6] ∥ τὸ πνεῦμα ἅγιον ἐπ' αὐτοῖς D* (D[1] τὸ ἅγιον ἐπ' αὐτούς) it[d, f]

Img. 1: Juan 7.39 (GNT).

Después siguen las variantes, cada una con la lista de los manuscritos —o testigos— que apoyan esta variante. En primer lugar, siempre se ve aquella que los autores consideran con mayor probabilidad que es la equivalente al autógrafo. Las variantes están separadas entre ellas por una barra diagonal doble. Si un manuscrito aparece en la lista de los testigos, eso quiere decir que en este manuscrito el texto figura con esta variante.

El orden de los manuscritos es: papiros, mayúsculas griegas, minúsculas griegas, leccionarios griegos, otras traducciones, padres de la iglesia.

Pueden haber muchas variantes, pero por lógica tienen que existir dos por lo menos, pues, de no ser así, no habría aparato crítico.

Observaciones adicionales

Lo que se ha explicado hasta el momento son las líneas generales en cuanto al aparato crítico. Hay muchos más símbolos, detalles y referencias, tanto en NA como en GNT. Se pueden encontrar todas las explicaciones del caso en las ediciones mismas.

Sin embargo, quiero hacer énfasis en estos tres casos:

Omisión

En algunas variantes no aparece un texto griego, sino la palabra "omit", la cual indica que en esta variante no figura la palabra que se está evaluando, pues ha sido "omitida".

Asterisco (*)

Sobre todo entre los códices con mayúsculas, se puede encontrar a menudo una mayúscula con un asterisco, por ejemplo B*. Los mismos manuscritos pueden tener, en vez del asterisco, una letra chica o un número volado después de la sigla del manuscrito; por ejemplo, Juan 8.39.

```
351                    KATA ΙΩANNHN                   8.

  39 Ἀπεκρίθησαν καὶ εἶπαν αὐτῷ, Ὁ πατὴρ ἡμῶν
Ἀβραάμ ἐστιν. λέγει αὐτοῖς ὁ Ἰησοῦς, Εἰ τέκνα τοῦ
Ἀβραάμ ἐστε, τὰ ἔργα τοῦ Ἀβραάμ ἐποιεῖτε¹³·  40 νῦν
δὲ ζητεῖτέ με ἀποκτεῖναι ἄνθρωπον ὃς τὴν ἀλήθειαν
ὑμῖν λελάληκα ἣν ἤκουσα παρὰ τοῦ θεοῦ· τοῦτο Ἀβραὰμ

  ¹³ 39 {B} ἐποιεῖτε 𝔓⁷⁵ ℵ* B² D W Θ 070 0141 0250 13 28 157 828 1292 1342
1424 1505 Byzᵖᵗ [E F G H] Lectᵖᵗ, ᴬᴰ itᵃ· ᵃᵘʳ· ᶜ· ᵈ· ᵉ· ᶠ· ˡ· ᑫ· ʳ¹ vgᵐˢˢ arm eth geo Origen²/⁸· ˡᵃᵗ²/⁶ Eu-
sebius²/³ Cyril-Jerusalem Epiphanius Chrysostom; Hilary Ambrosiaster Chromatius
Jerome⁹/¹¹ Augustine⁴/¹² ‖ ἐποιεῖτε ἄν ℵ² C N L Δ Ψ f¹ f¹³ 33 180 205 565 579 597 892
1006 1010 1071 1243 Byzᵖᵗ Lectᵖᵗ itᵇ slav Origen¹/⁸· ˡᵃᵗ⁴/⁶ Eusebius¹/³ Basil Didymus¹/⁵
Cyril; Jerome¹/¹¹ᵛⁱᵈ ‖ ποιεῖτε 𝔓⁶⁶ B* (700 ποιεῖτε ἄν) itᶠᶠ² vg Origen⁵/⁸ Didymus⁴/⁵; Ps-
Cyprian Jerome¹/¹¹ Augustine⁸/¹²
```

Img. 2: Juan 8.39 (GNT).

El asterisco junto a la sigla significa que el copista original del manuscrito copió esta versión. Las letras o números volados indican que posteriormente otras personas hicieron cambios en este texto, añadiendo o tachando algo, sobrescribiendo con otra tinta, etc.

Inseguridad

En algunos casos aparece la palabra "vid" junto a un manuscrito. Es una abreviatura del latín "videtur", que significa "parece". En este caso, el manuscrito se halla en un estado deteriorado y no permite una lectura clara del texto.

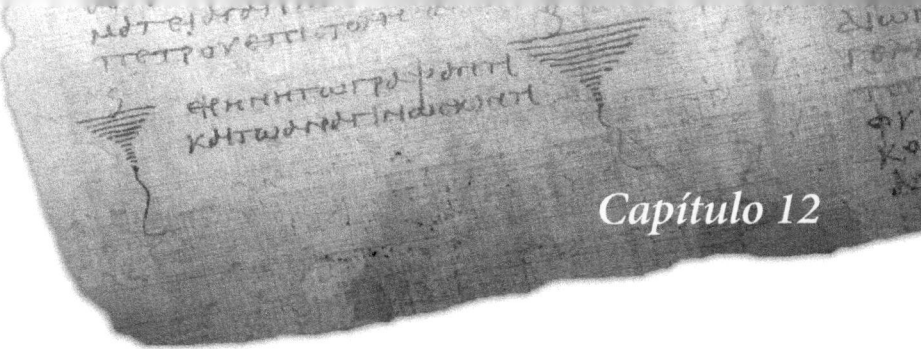

Capítulo 12

Uso práctico del aparato crítico

Para un análisis básico y corto de un pasaje bíblico es suficiente una agrupación general de los manuscritos, numerando la cantidad de manuscritos existentes para cada grupo. Además, es recomendable realizar desde un principio una traducción propia al castellano porque de esta manera se entiende mejor dónde está la diferencia entre las diferentes variantes para un versículo.

Ejemplo: Mateo 1.18

3   ΚΑΤΑ ΜΑΘΘΑΙΟΝ   1.

18 Τοῦ δὲ Ἰησοῦ Χριστοῦ[5] ἡ γένεσις[6] οὕτως ἦν. μνηστευθείσης τῆς μητρὸς αὐτοῦ Μαρίας τῷ Ἰωσήφ, πρὶν ἢ συνελθεῖν αὐτοὺς εὑρέθη ἐν γαστρὶ ἔχουσα ἐκ πνεύματος ἁγίου. **19** Ἰωσὴφ δὲ ὁ ἀνὴρ αὐτῆς, δίκαιος ὢν καὶ μὴ

[5] **18** {B} Ἰησοῦ Χριστοῦ 𝔓[1] ℵ C L Z Δ Θ f[1] f[13] 28 33 157 180 205 565 579 597 700 892 1006 1010 1071 1241 1243 1292 1424 1505 Byz [E P Σ] Lect syr[p. h. pal] cop[sa, meg, bo] arm (eth) geo slav Diatessaron[arm] Irenaeus[gr] Origen Eusebius Didymus[dub] Epiphanius Chrysostom Theodotus-Ancyra Nestorius // Χριστοῦ Ἰησοῦ B Origen[lat]; Jerome // Ἰησοῦ W Ps-Athanasius // Χριστοῦ it[a. aur. b. c. d. f. ff1. g1. k. q] vg syr[c. s] Irenaeus[lat]; Chromatius Jerome Augustine

[6] **18** {B} γένεσις 𝔓[1] ℵ B C P W Z Δ Θ Σ f[1] 579 arm Eusebius Ps-Athanasius // γέννησις L f[13] 28 33 157 180 205 565 597 700 892 1006 1010 1071 1241 1243 1292 1424 1505 Byz [E] Lect it[a. aur. b. c. d. f. ff1. g1. k. q] vg slav Irenaeus[gr] Origen Didymus[dub] Epiphanius Chrysostom Theodotus-Ancyra Nestorius; Chromatius Jerome Augustine

18 μνηστευθείσης ... αὐτούς Lk 1.27 ἐν ... ἁγίου Lk 1.35

Img. 3: Mateo 1.18 (GNT).

A continuación se presenta el ejemplo de Mateo 1.18 (GNT). Para comprobar y seguir las explicaciones se debe tener presente el NT griego en la versión de la cuarta edición de GNT. Este versículo tiene dos puntos donde los diferentes manuscritos no coinciden, lo cual quiere decir que tiene dos problemas textuales. Uno es para "Jesucristo" y el otro para la palabra "origen":

Τοῦ δὲ Ἰησοῦ Χριστοῦ ἡ γένεσις οὕτως ἦν
Pero de Jesucristo el origen así era

Ἰησοῦ Χριστοῦ	Χριστοῦ Ἰησοῦ	Ἰησοῦ	Χριστοῦ
(Jesucristo/Jesús el Cristo)	(Cristo Jesús)	(Jesús)	(Cristo)
1 papiro (𝔓1 – III d. C.)	0 papiros	0 papiros	0 papiros
6 mayúsculas (cód. ℵ)	1 mayúscula (cód. B)	1 mayúsculas (W)	0 mayúsculas
22 minúsculas	0 minúsculas	0 minúsculas	0 minúsculas
6 traducciones	0 traducciones	0 traducciones	3 traducciones
8 padres de la iglesia	2 padres de la iglesia	1 padres de la iglesia	4 padres de la iglesia

Observaciones:

1. Hay dos grupos de minúsculas (f1 y f13). Cada uno contiene algunas minúsculas que obviamente poseen un texto muy similar. Para abreviar la numeración, se optó por juntar estas minúsculas similares bajo una sola sigla. En la evaluación se considera, por una cuestión práctica, cada grupo como una sola minúscula, aun cuando se sabe que contienen más de una.
2. Se considera la sigla *Byz* como una minúscula.
3. Se considera *Lect* y *l* con todos sus números volados como una minúscula cada uno.

4. No se distingue entre los diferentes manuscritos de las traducciones, sino que se cuentan como uno sola por cada idioma.

Interpretación del aparato crítico:

Ya que para la interpretación del aparato crítico falta una base absolutamente objetiva, no solamente se aplican algunas reglas fijas, sino que además esta interpretación es un tipo de "arte", porque es necesario considerar muchos aspectos lingüísticos, teológicos, históricos, etc. Por lo tanto, no es un proceso objetivo en el que todos tienen que llegar al mismo resultado, sino que es sumamente subjetivo, dependiendo del peso que cada intérprete le da a los manuscritos.

Es recomendable estudiar nuevamente los criterios en el capítulo 9.2, para tener una idea de cuáles podrían ser los criterios académicamente lógicos en la interpretación del aparato crítico.

Los editores de las ediciones modernas del Nuevo Testamento griego tienden a dar mucha importancia a los códices Sinaítico y Vaticano, ya que los consideran dos copias "puras", en las cuales no aparecen tantos añadidos, y si los hay, no es tan difícil explicar por qué se los añadió (textos paralelos, ampliaciones teológicas, etc.). Por lo tanto, los editores consideran que el texto que coincide en los dos códices probablemente es el texto del autógrafo.

Esta es la razón por la cual en el ejemplo de Mateo 1.18 los editores ponen la letra B entre corchetes a su versión: el Códice Sinaítico tiene otra versión que el Vaticano. Los dos manuscritos difieren y, por lo tanto, los eruditos no están seguros de cuál de los dos —que ellos consideran "puros"— es más probable que sea el autógrafo. Todo el resto de los manuscritos enumerados apoyan la versión Ἰησοῦ Χριστοῦ mucho más que cualquier otra variante.

Aunque probablemente la versión Ἰησοῦ Χριστου sea la del autógrafo, se puede considerar que las diferentes variantes no son tan trascendentales en cuanto a la comprensión del contenido. Son más bien expresiones de cuestiones y debates específicamente teológicos.

γένεσις	γέννησις
(origen, con énfasis en llegar a existir)	(origen, con énfasis en nacer, existir humanamente)
1 papiro	0 papiros
9 mayúsculas	1 mayúscula
2 minúsculas	20 minúsculas
1 traducción	3 traducciones
2 padres de la iglesia	10 padres de la iglesia

Interpretación del aparato crítico

En este caso las dos versiones plantean una fuerte cuestión teológica: Jesús ¿existió antes de nacer o no? Si Mateo usó la palabra γένεσις, entonces expresará que en lo que sigue de su evangelio narrará cómo Jesús llegó a existir, no tomando en cuenta su preexistencia. Si usó el término γέννησις, expresará que en lo que sigue contará cómo nació como ser humano, probablemente tomando en cuenta que sí existió antes de este nacimiento en forma humana. La evidencia de los manuscritos lleva a pensar que probablemente la palabra γένεσις sea el término del autógrafo porque apoyan esta variante los manuscritos más antiguos encontrados hasta ahora. También se puede explicar bien este hecho si se evalúa la implicancia teológica: probablemente un copista posterior reflexionó y llegó a la conclusión de que Mateo no quiso decir que con el nacimiento de Jesús haya empezado su existencia, y consideró que sería mejor poner el término γέννησις expresando así que el relato escrito quiere narrar el nacimiento de Jesús, mas no habla del inicio de su existencia en sí.

1 Corintios 14.38

Εἰ δέ τις ἀγνοεῖ, ἀγνοεῖται.
Pero si alguno desconoce, es desconocido.

```
601                    ΠΡΟΣ ΚΟΡΙΝΘΙΟΥΣ Α                    14.

   37 Εἴ τις δοκεῖ προφήτης εἶναι ἢ πνευματικός, ἐπιγι-
νωσκέτω ἃ γράφω ὑμῖν ὅτι κυρίου ἐστὶν ἐντολή· 38 εἰ
δέ τις ἀγνοεῖ, ἀγνοεῖται². ᵘ   39 ὥστε, ἀδελφοί [μου],
ζηλοῦτε τὸ προφητεύειν καὶ τὸ λαλεῖν μὴ κωλύετε

   ² 38 {B} ἀγνοεῖται ℵ* A*ᵛⁱᵈ (F G ἠγνοεῖται) 048 0243 6 33 424ᶜ 1739 itᵇ·ᵈ copˢᵃ·
ᵇᵒ·ᶠᵃʸ Origenᵍʳ²/⁴, ˡᵃᵗ⁴/⁵ Didymus Theodoreᵛⁱᵈ; Hilary Ambrose¹/⁶ ‖ ἀγνοεῖτε D* ‖
ἀγνοείτω 𝔓⁴⁶ ℵ² Aᶜ B D² Ψ 0150 81 104 256 263 365 424* 436 459 1175 1241 1319
1573 1852 1881 1912 1962 2127 2200 2464 Byz [K L] Lect syrᵖ·ʰ·ᵖᵃˡ arm (eth) geo slav
Origenᵍʳ²/⁴ Chrysostom ‖ ignorabitur itᵃʳ·ᶠ·ᵍ vg Origenˡᵃᵗ¹/⁵; Ambrosiaster Ambrose⁵/⁶
Jerome Pelagius Augustine

   ᵘ 38 SP: NA ‖ P: TEV Seg FC NIV VP NJB TOB REB
```

Img. 4: 1 Corintios 14.38 (GNT).

ἀγνοεῖται	ἀγνοεῖτε	ἀγνοείτω	ignorabitur (latín)
es desconocido	¡desconozcan! Uds. desconocen	sea desconocido	sea desconocido
0 papiros	0 papiros	1 papiro	0 papiros
4 mayúsculas (ℵ)	1 mayúscula	6 mayúsculas (B)	0 mayúsculas
4 minúsculas	0 minúsculas	22 minúsculas	0 minúsculas
2 traducciones	0 traducciones	5 traducciones	2 traducciones
5 padres de la iglesia	0 padres de iglesia	2 padres de la iglesia	5 padres de la iglesia

Interpretación del aparato crítico

La versión con más testigos es la tercera: ἀγνοείτω ("sea desconocido"). Además de tener muchos manuscritos a favor, esta versión también está apoyada por un papiro antiguo y códices importantes. El único problema es que al estudiar el asunto cuidadosamente, se nota que el Códice Sinaítico originalmente tenía la formulación de la primera versión: ἀγνοεῖται ("es desconocido"). No se sabe la razón por la cual el texto fue corregido posteriormente. Ya que la primera versión expresa un indicativo, y la tercera un imperativo, se tendría que acudir al contexto textual para ver cuál de los dos modos verbales encaja mejor.

Gálatas 2.12

ὅτε δὲ ἦλθον
Pero cuando vinieron/(vine)

---

2. ΠΡΟΣ ΓΑΛΑΤΑΣ 642

11 Ὅτε δὲ ἦλθεν Κηφᾶς εἰς Ἀντιόχειαν, κατὰ πρόσωπον αὐτῷ ἀντέστην, ὅτι κατεγνωσμένος ἦν. **12** πρὸ τοῦ γὰρ ἐλθεῖν τινας³ ἀπὸ Ἰακώβου μετὰ τῶν ἐθνῶν συνήσθιεν· ὅτε δὲ ἦλθον⁴, ὑπέστελλεν καὶ ἀφώριζεν ἑαυτὸν φοβούμενος τοὺς ἐκ περιτομῆς. **13** καὶ συνυπεκρίθησαν αὐτῷ [καὶ] οἱ λοιποὶ Ἰουδαῖοι, ὥστε καὶ Βαρναβᾶς

³ 12 {A} τινας ℵ A B C D F G Ψ 075 0150 6 33 81 104 256 263 365 424 436 459 1175 1241 1319 1573 1739 1852 1881 1912 1962 2127 2200 2464 Byz [K L P] Lect it^(ar, (b), f, g*, o) vg syr^(p, h) cop^(sa, bo) arm eth geo slav Chrysostom Theodore^lat; Victorinus-Rome Ambrosiaster Jerome Pelagius ∥ τινα 𝔓⁴⁶ it^(d, g2, r) Irenaeus^lat

⁴ 12 {A} ἦλθον A C D² H Ψ 075 0150 6 81 104 256 263 365 424 436 459 1241 1319 1573 1739 1881 1912 1962 2127 2200 2464 Byz [K L P] Lect it^(ar, f, r) vg syr^(p, h) cop^(sa, bo) arm eth geo² slav Chrysostom Theodore^lat; Victorinus-Rome Ambrosiaster Jerome Pelagius Augustine ∥ ἦλθεν 𝔓⁴⁶ ℵ B D* F G 33 1175 1852 l 592 l 596 it^(b, d, g, o) geo¹ Irenaeus^lat

12 μετὰ ... συνήσθιεν Ac 11.3

Img. 5: Gálatas 2.12 (GNT).

ἦλθον	ἦλθεν
vinieron	vino
0 papiros	1 papiro
7 mayúsculas	5 mayúsculas (ℵ, B)
21 minúsculas	5 minúsculas
8 traducciones	2 traducciones
7 padres de la iglesia	1 padres de la iglesia

Interpretación del aparato crítico

La primera versión posee mucho más testigos, pero la segunda tiene los de mayor importancia: un papiro antiguo y dos códices de mucha confianza. A pesar de los testigos de mayor importancia, la primera versión encaja mucho mejor en el contexto textual, porque el texto en español dice: "Antes que llegaran algunos de parte de Jacobo, Pedro solía comer con los gentiles. Pero cuando **llegaron**, comenzó a retraerse...". Sería muy difícil de entender si el texto dijera "Pero cuando **llegó**, comenzó a retraerse…", y si Pablo hubiera escrito originalmente la segunda versión, tendríamos que preguntarnos por qué lo hizo.

Preguntas para reflexionar

1. ¿Cuáles son las diferencias entre la versión de Nestlé-Aland (NA) y la de las Sociedades Bíblicas (GNT) y qué importancia representan cada una de ellas?
2. ¿Cuál es la utilidad del aparato crítico en el estudio de la Biblia?
3. ¿Cómo se describe la estructura del aparato crítico de NA y la del aparato crítico de GNT?
4. ¿Qué recomendación se hace respecto al uso práctico del aparato crítico?

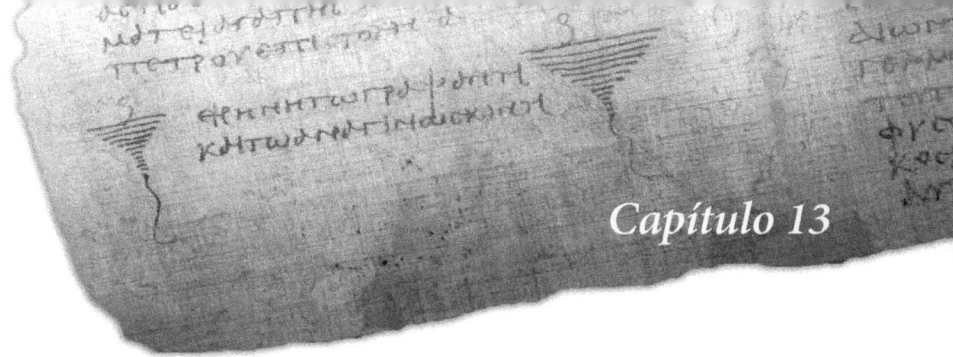

Capítulo 13

Resumen final

Si uno se fija en la cantidad de pasajes en los cuales los diferentes manuscritos no concuerdan, podría sufrir una decepción y dudar como J. A. Bengel. ¿Cómo es posible que el texto base para nuestra fe pueda ser tan poco uniforme? ¿Por qué Dios no ha permitido que el texto sagrado se transmita de otra manera, de un modo que cause menos errores?

Sin embargo, la situación también puede evaluarse desde otra perspectiva. No existe ningún otro texto de la antigüedad, como el NT, que se sustente con tantas copias. Por ejemplo, del libro *La constitución de los atenienses*, que se le atribuye a Aristóteles, se conoce un solo manuscrito descubierto en Egipto en 1891; no obstante, es uno de los textos más importantes para saber algo sobre la historia y la constitución de Atenas. No se puede saber con certeza que el texto encontrado contiene los datos verdaderos y que lo han copiado sin errores; sin embargo, a pesar de ello, se tiene que partir de esta base tan poco sólida para sacar conclusiones en cuanto al estado de la mencionada ciudad en aquel entonces.

Es lógico que en este manuscrito único no se encuentre ninguna diferencia, porque no hay con qué compararlo. Cuantas más copias existan de un texto, tantas más diferencias se podrán encontrar. Pero en el caso del NT, la gran cantidad de manuscritos no solamente causa muchas diferencias textuales, sino que, a la vez, también nos da una base más firme y segura para este texto, pues, a pesar de la gran cantidad de manuscritos, es sorprendente que no se hayan encontrado más diferencias entre ellos. Es más, si se estudian los diferentes pasajes del NT que contienen diferencias, se llega muy rápido a la siguiente conclusión: una gran mayoría no afectan de ninguna manera nuestra fe o el contenido del texto mismo, por lo que ni siquiera se las considera en los aparatos críticos de NA o GNT. Son diferencias que resultan por añadir u omitir un artículo, por cambios ortográficos, o son errores obvios que no vuelven incomprensible el texto o cambian su contenido. A veces también simplemente varía la posición de las palabras, como "el Señor Cristo Jesús" por "el Señor Jesucristo".

Claro que hay un grupo de pasajes bíblicos en los cuales las diferencias son marcadas, por lo que una persona no muy arraigada en la fe puede sentirse afectada en su fe personal. Pero, si se estudian bien estos textos, uno se da cuenta de que no tienen consecuencia para la fe o el mensaje del texto. En este grupo, la evaluación del aparato crítico es muy clara y no nos deja con dudas aunque nos hayamos acostumbrado a ellos. Los dos más conocidos como ejemplos para este caso son 1. Juan 5.7–8 y Juan 7.53–8.11.

1 Juan 5.7–8

"Porque tres son los que dan testimonio **en el cielo: el Padre, el Verbo y el Espíritu Santo; y estos tres son uno. Y tres son los que dan testimonio en la tierra**: el Espíritu, el agua y la sangre; y estos tres concuerdan".

> 819 ΙΩΑΝΝΟΥ Α 5.
>
> ἐν τῷ αἵματι· καὶ τὸ πνεῦμά ἐστιν τὸ μαρτυροῦν, ὅτι τὸ πνεῦμά ἐστιν ἡ ἀλήθεια. 7 ὅτι τρεῖς εἰσιν οἱ μαρτυροῦντες, 8 τὸ πνεῦμα καὶ τὸ ὕδωρ καὶ τὸ αἷμα⁴, καὶ οἱ τρεῖς εἰς τὸ ἕν εἰσιν.ᵈ 9 εἰ τὴν μαρτυρίαν τῶν ἀνθρώπων λαμβάνομεν, ἡ μαρτυρία τοῦ θεοῦ μείζων ἐστίν· ὅτι
>
> ---
>
> ⁴ 7-8 {A} μαρτυροῦντες, 8 τὸ πνεῦμα καὶ τὸ ὕδωρ καὶ τὸ αἷμα ℵ A B (Ψ 1844 1852 μαρτυροῦσιν) 048ᵛⁱᵈ 33 81 322 323 436 945 1067 1175 1241 1243 1292 1409 1505 1611 1735 1739 1846 1881 2138 2298 2344 2464 Byz [K L P] Lect (l 884 βάπτισμα for αἷμα) itᵃʳ vgʷʷ· ˢᵗ syrᵖ· ʰ copˢᵃ· ᵇᵒ armᵐˢˢ eth geo slav Clementˡᵃᵗ (Origenˡᵃᵗ) (Cyril) Ps-Dionysiusᵛⁱᵈ (John-Damascus); Rebaptism Ambrose Augustine Quodvultdeus Facundus ∥ μαρτυροῦντες ἐν τῷ οὐρανῷ, ὁ πατὴρ ὁ λόγος καὶ τὸ ἅγιον πνεῦμα, καὶ οὗτοι οἱ τρεῖς ἕν εἰσιν. 8 καὶ τρεῖς εἰσιν οἱ μαρτυροῦντες ἐν τῇ γῇ, τὸ πνεῦμα καὶ τὸ ὕδωρ καὶ τὸ αἷμα 221ᵛ ʳ 2318 (61 629 omit the following καὶ οἱ τρεῖς ... εἰσιν; 61 88ᵛ ʳ 429ᵛ ʳ 629 636ᵛ ʳ 918 with other minor variants) lᴬᴰ vgᶜˡ armᵐˢˢ ∥ testimonium dicunt (or: dant) in terra, spiritus (or: spiritus et) aqua et sanguis, et hi tres unum sunt in Christo Iesu. 8 et tres sunt, qui testimonium dicunt in caelo, pater, verbum et spiritus itˡ· ᵠ vgᵐˢˢ (Cyprian) (Ps-Cyprian) (Priscillian) Speculum Varimadum Ps-Vigilius Fulgentius
>
> ᵈ 8 P: Seg
>
> 7 Jn 15.26

Img. 6: 1 Juan 5.7–8 (GNT).

Versión sin la parte en negritas:	5 mayúsculas (ℵ, B)
	24 minúsculas
	8 traducciones
	7 padres de la iglesia
Versión que incluye la parte en negritas:	0 mayúsculas
	10 minúsculas
	2 traducción (Vulgata)
	7 padres de la iglesia

Según la relación de los diferentes manuscritos para apoyar las dos variantes, es obvio que los manuscritos griegos más antiguos—encontrados después de las primeras traducciones realizadas a los idiomas modernos— muestran que la parte subrayada obviamente no se encuentra en ninguno, pero tampoco se halla en ninguna de las traducciones más tempranas, como el siríaco, el copto, etc. Tampoco usaron esta parte los padres de la iglesia que dominaban y usaban el griego, todo lo cual indica que muy probablemente el texto original no contenía la parte subrayada.

Asimismo, ya que la versión que contiene la parte subrayada dice textualmente que "los tres son uno", se la consideró por mucho tiempo indispensable para poder sustentar la doctrina sobre la trinidad de Dios; pero en realidad la falta de esta parte no afecta de ninguna manera la doctrina bíblica, porque hay suficientes otras citas que apoyan la trinidad de Dios, aunque no en una forma tan explícita.

Juan 7.53–8.11

Esta narración muy querida por la iglesia nos presenta un problema textual, pues no es solamente que este pasaje no aparece en ningún papiro o códice temprano —con excepción del Bezae—, sino que en algunos manuscritos figura en otro lugar: después de Lucas 21.38, Juan 7.36 o Juan 21.25. Además, se presenta en otros manuscritos con una nota crítica o en forma incompleta. Todo esto indica que hubo un problema con la transmisión de este pasaje y que muy probablemente esta perícopa no era parte del autógrafo. Además, aunque no se encuentre en éste, su falta no afecta la enseñanza sobre el perdón del pecado de parte de Dios, porque hay muchas otras citas en el texto del NT que nos hablan de dicho perdón.

Estos dos ejemplos nos muestran cuán importante es la regla exegética que dice que nunca se debe sustentar una posición doctrinal sobre la base de un solo versículo de la Biblia, sino que es necesario considerar siempre la posición de las Escrituras en su totalidad. Si se sigue esta regla, no se experimenta la falta de un versículo o de un pasaje bíblico querido como un ataque contra la fe. La crítica textual no quiere hacer tambalear nuestra fe, sino más bien evidenciar cuán bien está sustentada su base.